아주 일상적인   철학

아주 일상적인 철학

마음을 힘들게 하는 생각 습관 벗어나기

박은미 지음

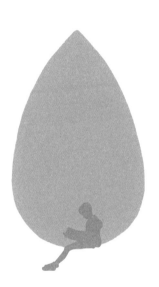

EBS BOOKS

모두들 철학에서 어떤 것을 기대합니다. 사람들이 원하는 것을 줄 수 있는 힘이 철학에 있는 것도 사실입니다. 그런데 철학의 문턱이 높아서 많은 사람들이 철학적 성찰력이 우리 인생에 줄 수 있는 것을 누리지 못하는 것이 늘 안타까웠습니다.《아주 일상적인 철학》이라는 제목의 책을 내놓는 것은 일상의 문제를 해결할 철학의 힘을 많은 분들이 느껴보시길 바라서입니다.

살다 보면 문제에 빠져 허우적거리게 되는 때가 많습니다. 그렇게 허우적대고 있는 상황에서는 갈 길이 보이지 않고 막막하기만 하지요. 그런데 인간에게는 자신의 문제를 볼 수 있는 능력이 분명히 있습니다. 내가 나이면서 나를 넘어서서 나를 바라볼 수 있는 능력이 있습니다. 좋은 생각은 인생의 많은 문제를 풀도록 해줍니다.

그런데 이 '좋은 생각'은 어떻게 할 수 있을까요? 생각되는 대로만 생각해서는 좋은 생각을 할 수 없습니다. 원래 가지고 있던 나의 경향성만을 따라 생각하면 나 자신의 한계 안에 갇히고, 그것을 넘어서는 생각은 할 줄 모르게 됩니다. 이럴 때 도움을 줄 수 있는 것이 철학입니다. 철학은 습관적으로 생각하는 것을 넘어서도록 해주고 현실을 비판적으로, 그리고 체계적으로 따져 묻게 해줍니다. 그렇게 따져 묻는 일은 꽉 막힌 현실을 넘어서 문제를 해결할 수 있는 '생각'으로 우리를 이끌어줍니다. 생각의 힘을 여러분의 것으로 만들어 일상의 문제를 잘 풀어가시길 바라는 마음으로, 그것을 돕기 위해 이 책을 썼습니다.

생각은 사실 상당히 '가성비'가 좋은 것입니다. 일이 시작될 때 머리 아프게 따져보면, 일이 진행된 뒤 골치 아픈 일이 발생할 가능성이 줄어들게 됩니다. 시작 지점에서 따지지 않으면 이미 일이 진행된 뒤에 따져야 할 일이 생기고, 그때는 돌이킬 수 없는 부분이 있기 마련이지요. 꼭 돌이켜야 하는 부분에서는 돌이키느라 에너지가 두 배로 듭니다. 초반에 생각만 잘하면 수월하게 풀어갈 수 있는 문제가 제법 많습니다.

'좋은 생각'은 나 자신에게 필요하고 훌륭한 것이지만, 사고를 발전시키는 일은 내가 편안하게 여기는 관성적 태도와 한계를 넘어서는 것이기에 불편할 수밖에 없습니다. 새로운 생각은 나를 자

극하여 발전시키지만, 그 과정에서 불편함이 발생해 본능적으로 피하고 싶어지기 마련입니다. 그래서 이러한 본능적인 회피를 극복하려는 인위적인 노력이 필요합니다. 여러분이 지금 이 책을 집어들었듯이 말입니다.

비판적 사고가 필요하다는 말을 많이 들어보셨을 것입니다. 여러분이 '오, 저 사람 머리 좋은데?'라고 느낄 때 그 사람의 머릿속에서 일어나는 일이 사실은 비판적 사고입니다. 비판적 사고는 어떠한 상황에서든 최선의 생각을 해내도록 만들어주는 숙련 기술입니다. 철학은 바로 이 비판적 사고력을 세상 모든 것에, 인생의 문제에 적용하는 일입니다.

사고의 질이 삶의 질을 결정합니다. 좋은 생각이 인생을 바꿉니다. 여러분에게 좋은 생각을 하는 법을 나눠드리고 싶습니다. 좋은 생각으로 인해 여러분의 인생이 조금 더 행복해지면, 세상이 조금 더 행복해질 것이고, 그 세상에서 저도 조금 더 행복해질 것입니다.

2023년 6월
박은미

3부
실전편
일상에 철학 적용하기

개념편

일상을 힘들게 하는
생각 습관들

1부에서는 철학과
인지심리학의 개념들을 통해
삶을 힘들게 만드는 생각의
습관, 즉 잘못된 사고방식을
짚어보겠습니다.

'저 사람은 어째서 저런 말을 할까?'
'왜 사람들은 저렇게 부정적으로 볼까?'
'왜 저렇게 남에 대해 함부로 넘겨짚는 거지?'
하고 궁금한 적이 있었지요? 잘못된 생각이
잘못된 것임을 인식하면 그러한 잘못을
덜 할 수 있게 됩니다.

1부에서는 인간 인식의
한계에 대해 살펴볼 거예요.
이 내용을 이해하고 나면
인간 인식의 한계가 일으키는
문제들로부터 상당히
자유로워질 수 있습니다.

왜 피해자인
나를 탓하지?

방어적 귀인

철학, 심리학, 정신분석학의 공통점은 무엇일까요? 마음·생각과 관련된 학문이라는 것이지요. 마음과 생각은 엉켜 있습니다. 철학은 생각을 검토해서 신뢰해도 좋은 생각을 하도록 하는 학문이고, 심리학은 행동 밑바탕의 마음이 움직이는 원리를 찾아내는 학문입니다. 정신분석학은 마음 중에서도 무의식에 대한 연구를 통해 마음의 지형을 그려나가는 학문이고요.

이렇게 학문의 구분은 있지만 인간의 마음이라는 것이 여기서부터는 논리, 여기는 심리, 여기서부터는 무의식 하는 식으로 구분되는 것이 아니기에 명확하게 딱 떨어지는 결론을 찾기는 어려운 것이 사실입니다. 그래도 각 분야에서, 또 통합적으로 연구가 이루어지면서 마음의 모습이 지속적으로 밝혀지고 있지요.

철학과 심리학의 차이

조금만 더 자세히 살펴볼까요? 생각을 검토하는 것은 철학의 영역입니다. 철학을 어렵게들 생각하시지만 사실 철학은 **생각에 관한 생각**이에요. 어떤 생각이 타당한지 타당하지 않은지, 타당하다면 왜 타당하고, 타당하지 않다면 왜 타당하지 않은지를 살피는 것이지요. 보통 우리가 '저 사람 참 조리 있다'라고 느끼는 건, 주장을 하는 사람이 합리적인 근거를 제시하기 때문이지요(물론 그럴 듯하지만 사실은 오류인 경우를 잘 찾아내는 것도 철학의 역할입니다).

심리학은 **왜 마음이 그렇게 가는지**를 살핍니다. 인간 공통의 마음 습관에 대한 지식을 통해 자신의 마음 습관을 알아가게 하는 효과가 있지요.

우리를 마음의 주인이 되게 하는 데에는 철학과 심리학이 모두 필요합니다. 생각은 생각대로 잘 정리하고 마음은 마음대로 잘 간수할 수 있어야 하지요. 하지만 모두가 공감하듯, 이는 참 어려운 일입니다. 만약 '사람들이 참 말도 안 되는 생각을 많이 하네'라는 생각이 자주 든다면, 그것은 평소 본인이 생각을 잘 정리한다는 뜻일 겁니다. 철학 전공자인 저로서는 사람들이 믿어야 할 이유가 있어서 믿는 것이 아니라 믿고 싶은 대로 믿어버리는 경우가 많다고 느끼곤 합니다. 설사 그 '믿고 싶은 것'이 진실이 아니어도 말입니다.

생각의 규칙을 어기지 않으면서 생각을 해야 하는데 바라는 바

개념편 | 일상을 힘들게 하는 생각 습관들

에 영향을 받아 그 규칙을 어기는 경우가 너무 많습니다. 아니, 생각의 규칙을 지키면서 생각하는 경우를 찾기가 어렵다는 것이 더 정확한 표현일 듯합니다. 제대로 따져가면서 생각을 하는 것이 아니라, 흘러가는 대로 생각하고 믿고 싶은 것을 믿어버리지요. 그러고는 믿어야 할 이유를 코에 걸면 코걸이, 귀에 걸면 귀걸이 식으로 가져다 붙이곤 합니다.

자기도 모르게 감정이 주도하는 마음에 딸려 가면서 그저 편리한 대로 생각하는 일을 경계해야 합니다. 감정이 주도하는 마음에 딸려 가서는 자신이 원하는 결과를 얻지 못하게 될 위험이 매우 높습니다. 마음을 다소 무시하더라도 생각을 잘 정리해서 결정했더니 원하는 결과에 가까워졌던 경험이 다들 있을 거예요.

그러면 감정은 최대한 무시하고 생각과 이성에 따르면 다 해결될까요? 여기에 인간의 딜레마가 있습니다. 인간은 감정의 동물이고 생각으로 다 알 수 없는 것을 마음이 정확하게 드러내주기도 합니다. 여러분도 강력한 직관의 힘을 느껴본 경험이 있을 것입니다. 생각은 종종 본연의 마음을 가립니다. 우리는 생각으로 자기 자신의 진심을 속이려 들기도 하지요. 그래서 좋은 생각을 하려면 1차적 마음, 본연의 마음, 1차적 생각, 정리된 생각의 관계를 이해해야 합니다. 1차적 생각이란 쉽고 편안하게 흘러가는 생각이라서 힘이 셉니다. 1차적 생각에 딸려 가는 마음이 1차적 마음이지요. 그런데 1차적 마음과 본연의 마음 사이에는 거리가 있습니다. 이 거리를 잘 느끼고 자신의 생각을 잘 정리하는 일이 필요합니다. 이 거리가 너무 멀면 자기도 모르는 사이에 마음이 힘들어지기 때문입니다.

정리된 생각과 **본연의 마음**으로 살 때 우리는 편안해집니다. 1차적 마음은 생각을 말도 안 되는 방향으로, 즉 비논리적으로 이끌 수 있습니다. 1차적 마음이 논리를 비틀고 들어올 때 그로 인해 왜곡되지 않고 생각을 잘 정리해 본연의 마음에 도달하는 것이 중요합니다. **인간은 본연의 마음으로 살 때 행복합니다.** 저는 여러분이 본연의 마음으로 사는 것을 돕고자 이 책으로 여러분을 만나고 있습니다.

생각은 마음에 영향을 끼치고 마음은 생각에 영향을 끼칩니다. 마음을 정리하는 것은 생각을 정리하는 일로부터 시작됩니다. 정리할 수 있는 것은 생각이지 마음 자체가 아니니까요. 그래서 저는 생각으로 마음을 정돈하는 일, 좋은 생각으로 마음을 이끌어가는 일에 관심을 기울입니다. 일상에서 머리가 하는 말과 가슴이 하는 말이 다른 순간을 자주 만나지요? 이때 우리는 마음 안에서 논리가 작동하지 않는 영역을 느끼는 것입니다. 우리는 자주 머리와 가슴을 통합하고 싶다고 느낍니다. 그 분리가 우리를 힘들게 하니까 말입니다. 이 거리를 줄이는 데에는 **생각의 힘**이 필요합니다.

생각을 정리하게 하는 철학을 내 마음에도 적용할 수 있게 되면 논리가 잘 작동하는 영역과 제대로 작동하지 않는 영역을 구분할 수 있게 됩니다. 이 과정을 통해 우리는 자기 자신에 대해 점점 더 알아갈 수 있습니다. 어디서 논리가 작동되고 어디서는 논리가 작동되지 않는가는 그 사람의 특징을 드러내줍니다. 그래서 자기 자신에 대해 알아가는 과정에는 철학과 심리학의 합동 작전이 필요합니다. 심리학이 마음에 대한 '직접적인 접근'이라면, 철학은 생각을 정리해서 마음에 대해 알아가는 '간접적인 접근'이거든요.

왜 이런 말을 할까?

마음과 생각의 가닥을 잡는 일은 저에게 오랜 숙제였습니다. 모두에게 그렇겠지만, 저는 철학을 하다 보니 더 그랬던 것 같습니다. 그러다 사람의 생각이 어디로 가는지를 절감하게 된 일이 일어났어요.

제가 길에서 강도를 만났던 때의 일입니다. 철학과 대학원 진학 직전에 등록금으로 낼 아르바이트비를 받아 가지고 가던 중 노상 강도를 만났었습니다. 강도가 제 얼굴을 쳐서 안경이 깨지고 피가 났습니다. 응급실에 가서 다섯 바늘을 꿰매고 그다음 날 외과 처치를 받기 위해 병원에 갔습니다. 외과의사는 응급실에서 만난 의사가 아니어서 저에게 어쩌다 그런 일이 일어났는지를 다시 물었습니다.

의사: 아니 어쩌다 이렇게 얼굴을 다쳤어요?

나: 강도를 만났어요.

의사: (깜짝 놀라며) 예? 강도요?

나: 예.

의사: (꾸짖는 듯이) 밤 10시 넘어 다녔어요?

나: 아니오, 저녁 6시 무렵이었는데요.

의사: 아이구 세상에! 이놈의 세상이 어찌 되려는지.

　진료실을 나서니 묘하게 기분이 나쁘더군요. '왜 그 의사는 나에게 꾸짖는 듯한 태도로 밤 10시 넘어 다녔는지를 물었을까' 하는 생각이 들었어요. (참고로 이 일은 1990년대 초에 일어난 일입니다.) 내가 밤 10시 넘어 다녀도 잘못한 사람은 강도이지 내가 아니지요. 물론 강도에게 당하지 않으려면 밤에 다니지 않는 것이 낫다는 생각이 틀린 것은 아닙니다. 강도에게는 기대할 것이 없으니 차라리 피해자가 될 가능성이 있는 사람이 조심해야 한다는 생각도 현실적으로는 맞지요. 그렇지만 피해자 탓을 하는 쪽으로 생각을 가져가는 것은 이상한 일입니다. 왜 그러는 것일까 하는 의문은 철학을 공부한 지 10여 년이 지나고 나서야 풀렸습니다.

　피해자 탓을 하게 되는 이유는 기본적으로는 '피해가 두려워서'입니다. 인간에게 피해는 두려운 것이고 어떻게든 피하고 싶은 것입니다. 피해가 나에게도 일어날 수 있다고 생각하면 두려워지므로, 피해자가 피해를 입을 만한 잘못을 했다고 여기며 안심하고 싶지요. '내가 그런 잘못을 저지르지만 않으면 저런 피해는 당하지 않을 수 있어' 하고 말입니다. 즉 사람들의 무의식에서 그런 일은 피해자가 잘못해서 일어난 일이어야 하는 것입니다. 앞으로 계속 살펴보겠지만 무의식의 작용은 놀랍도록 정교합니다.

심리학에는 이러한 잘못된 인식 방식을 설명하는 개념이 있습니다. **방어적 귀인**이라는 개념입니다. **귀인**이란 '원인을 귀착시키다'라는 뜻입니다. 그런데 원인을 귀착시킬 때 인간은 자신의 마음이 편안해지는 방식으로 합니다. 일이 잘못되면 옆사람을 탓하는 식으로 말입니다. 만약에 팀장이 프로젝트가 잘못되었을 때는 팀원 탓을 하다가, 프로젝트가 성공적일 때는 자신의 능력 덕이라고 생각한다면 자신에게 유리한 방식으로 귀인을 한 것입니다. 이러한 방식의 귀인을 방어적 귀인이라 합니다. 마음의 평화를 유지하고 방어하는 방식이라는 점에서요.

귀인에는 내부 귀인과 외부 귀인이 있습니다. **내부 귀인**은 행위자의 특성에서 원인을 찾는 것이고, **외부 귀인**은 외적 조건에서 원인을 찾는 것입니다. 누군가가 취직을 잘했을 때 "걔가 능력이 있네!" 하면 내부 귀인을 한 것이고, "누가 도와준 거 아냐?" 하면 외부 귀인을 한 것입니다. '잘되면 자기 탓, 못 되면 조상 탓'이라고들 하지요. 이를 심리학 개념으로 표현하면 일이 잘되었을 때는 내부 귀인을 하고 일이 잘못되었을 때는 외부 귀인을 한다는 의미입니다.

문제는 귀인의 방식이 자기 문제일 때냐 타인 문제일 때냐에 따라 달라진다는 것입니다. 내 일인 경우에는 일이 잘되었을 때는 내부 귀인을 하고, 일이 잘못되었을 때는 외부 귀인을 합니다. 타인의 일인 경우에는 이게 반대로 됩니다. 즉 일이 잘되었을 때에는 외부 귀인을 하는 경우가 많고 일이 잘못되었을 때는 내부 귀인을 하는 경우가 많은 거지요.

편리한 방식으로 귀인을 하지 않고 내부적 요인과 외부적 요인을 각각 분석하는 것이 비판적 인식 태도, 즉 철학적 태도입니다. 모든 것에는 여러 측면의 원인이 있지요. 그러니 내부 요인은 무엇이고 외부 요인은 무엇인지를 각각 분석하고 어느 쪽이 더 크게 작용하는지, 어떤 가능성이 더 큰지를 판단해야 합니다. 방어적 귀인은 우리를 참된 인식에서 멀어지게 합니다.

내가 이런 건
다 부모 탓이라는 생각

상관관계와 인과관계의 구분

가끔 남들이 들을 수 있는 장소에서 전화를 붙들고 직장상사 욕을 하는 사람들을 봅니다. 오죽하면 옆사람들 다 듣는데 전화를 붙들고 저런 소리를 할까 싶은 생각이 들곤 합니다. 그런데 지금 그 직장상사는 자신이 그렇게 욕먹는 줄 알까요? 여러분은 다른 사람이 여러분 욕을 하리라 상상해본 적 있으신가요? 그런 상상을 하면 어떤 생각이 드시나요? 날 욕하는 사람들은 이상한 사람들이다? 아니면 나는 욕먹을 만하다?

'나는 욕먹을 만하다'라고 생각하는 사람은 많지 않을 거예요. 스스로 욕먹을 만하다고 생각한다면 욕먹지 않도록 행동을 고칠 테니 오히려 욕을 먹지 않게 될 것이고요.

'욕먹으면 오래 산다'는 말이 있습니다. 욕이 건강식품도 아닌

데 왜 욕먹으면 오래 산다는 말이 있을까요? 찬찬히 따져볼까요? 찬찬히 따져보는 것, 바로 이것이 철학입니다.

'욕먹는다'와 '오래 산다' 사이에는 인과관계가 성립할까요? 쉽게 말해, 욕을 먹었기 때문에 오래 사는 것일까요? 아마도 본능적으로 아니라는 답변이 여러분의 마음속에 떠오를 것입니다. 욕을 먹어서 기분 좋아지는 사람도 건강해지는 사람도 없지요. 그러니 '욕먹는다'가 '오래 산다'의 원인은 아닐 것입니다.

그렇다면 이런 말이 떠돌게 된 건 욕먹는 사람 중에 오래 사는 사람이 많아서일 가능성이 높습니다. 욕을 먹었기에 오래 사는 것은 아니지만 실질적으로 욕먹는 사람 중에 오래 사는 사람이 많기에 이런 말이 떠돌게 되었다는 것이죠. 그래서 친한 사이에 농담으로 "그래 오래 살아라"라는 덕담 아닌 덕담을 하고는 하지요. '욕을 먹었기 때문에 오래 사는 것은 아니지만 욕먹는 사람들 중에 오래 사는 사람이 많다 보니 이런 말이 떠돌았다'라는 말을 철학적으로 다음과 같이 표현할 수 있습니다. **'욕먹는다'와 '오래 산다' 사이에는 인과관계가 성립하지는 않지만 상관관계가 성립한다.** 상관관계와 인과관계는 매우 혼동하기가 쉬워서 철학적으로도 엄밀하게 분석해야 하는 경우가 꽤 많습니다.

오래도록 전해 내려오는 말에는 상관관계가 인과관계처럼 표현된 것이 많습니다. '제비가 낮게 날면 비가 온다'는 속담이 있지요. 제비가 낮게 나는 것은 먹이를 낚아채기 위해서입니다. 그런데 날

씨가 흐리고 습도가 높으면 제비의 먹이가 되는 곤충들이 날개가 무거워져 땅 가까이로 내려옵니다. 제비도 먹이를 따라 낮게 날게 되는 것이지요. 즉 제비가 낮게 나는 때는 주변에 저기압이 형성되어 있고 습도가 높은 때인데, 사람들은 그러한 변화를 알기 어렵기에 제비가 낮게 나는 모습을 본 다음에 비가 오는 경험을 하게 됩니다. 비가 올 상황이 되어서 제비가 낮게 나는 것임에도 제비가 낮게 나는 것이 관찰된 다음에 비가 오기에 '제비가 낮게 날면 비가 온다'는 식으로 말하게 되는 것입니다.

왜 상관관계를 인과관계로
착각하게 될까?

다시 '욕먹으면 오래 산다'는 말로 되돌아가보죠. 그렇다면 욕먹는 사람들 중에 왜 오래 사는 사람이 많았을까요? 아마도 욕먹는 사람들의 어떤 공통적인 특성이 오래 사는 것과 연관될 것입니다. 그 요인이 무엇일지 따져보지요. 욕먹는 사람들은 대체로 어떤 사람들인가요? 자기 이익만 챙기는 사람들이 우선 떠오를 것입니다. 남들은 배려하지 않으면서 자기만의 이익을 챙기는 사람들이 욕을 먹습니다. 이들 중에는 자신이 욕을 먹는다는 것을 아는 사람도 있고 모르는 사람도 있을 것입니다. 자신이 욕을 먹는다는 사실을 알면서도 욕먹는 행위를 지속하는 사람이 있을 것이고, 자신이 욕먹는다는 사실은 모르는 채 욕망에만 충실해 욕먹는 행위를 지속하는 사람도 있을 것입니다.

먼저, 자신이 욕먹는다는 사실을 '알면서도' 욕먹는 행위를 지속해서 이익을 취하는 사람은 어떤 유형인가요? 이 사람들은 남들이 야 욕을 하건 말건 자신의 욕망을 그대로 충족시키겠다는 배짱(?)이 있는 사람들입니다. 남들 말에 별로 신경 쓰지 않는 유형이지요. 둘째로, 욕먹는다는 사실을 '모르고' 욕먹는 행위를 지속하는 사람들은 둔감하고 무감한 유형입니다.

남들 말에 별로 신경을 안 쓰는 유형과 남들의 시선을 의식하지 못하는 무감한 유형의 공통적인 특성은 무엇인가요? '스트레스를 별로 받지 않는다'는 것입니다. 그러니까 욕먹는 사람들에게는 '스트레스를 받지 않는다'는 공통 특성이 있는 것입니다. 즉, 욕을 먹어서 오래 사는 것이 아니라 '욕먹는 사람들에게는 스트레스를 받지 않는 특성이 있어서 오래 산다'는 것이 조금 더 현실을 드러내는 표현이 되겠습니다.

다시 정리하면, '욕먹는다'와 '오래 산다' 사이에는 상관관계는 성립하지만 인과관계는 성립하지 않습니다. **상관관계는 두 변수가 관계가 있다**는 것이고 **인과관계는 하나의 변수가 다른 변수의 원인이 된다**는 것입니다. A와 B에 상관관계가 성립하면 A가 늘어날 때 B도 늘어나고 B가 늘어날 때 A도 늘어납니다. A와 B에 인과관계가 성립하면 A를 투입했을 때 B가 산출됩니다. 그래서 이 두 관계가

개념편 | 일상을 힘들게 하는 생각 습관들

혼동되기 쉽습니다. 'A가 늘어날 때 B도 늘어나는 것'과 'A를 투입했을 때 B가 산출되는 것'이 현상적으로 유사할 수 있기 때문입니다. A가 늘어날 때 B도 늘어나면 A를 투입해서 B가 산출되었다고 착각하기 쉬워지는 것입니다.

인간의 뇌는 변수 간의 복잡한 관계를 편리하고 단순하게 생각하고 싶어 합니다. 그래서 상관관계에 불과한 것을 인과관계로 파악하려 들지요. 회사에서 점심 먹으러 가자고 할 때마다 자신은 도시락을 싸 왔다면서 혼자 도시락을 먹겠다고 하는 동료가 있다고 해보죠. 이런 경험이 쌓일 때 어떤 생각이 들까요? 내가 제안을 할 때마다 도시락을 싸 왔다고 하는 사람에 대해 '나랑 밥 먹기 싫은가?'라고 생각하기 쉽습니다.

하지만 경제적인 이유나 알레르기나 지병 등의 문제로 도시락을 싸가지고 오는 것인데 사적인 부분이라 말을 안 했을 수도 있습니다. '내가 점심을 같이 하자고 하는 것'과 '그 사람이 도시락을 싸 오는 것'은 시간상 상관관계는 있지만 '내가 점심을 같이 먹자고 하는 것'이 그 사람이 도시락을 싸 오게 만드는 요인은 아닙니다. 물론 어느 경우에는 정말로 나와의 점심식사를 회피하기 위한 방편으로 도시락을 싸 오는 경우도 있겠지요. 이렇게 상관관계와 인과관계가 중첩되는 측면이 있어 파악하기가 무척 어렵습니다. 인과관계까지 있는 상관관계도 있고 인과관계는 없는 상관관계도 있습니다.

아이스크림이 많이 팔릴 때 익사자가 늘어난다고 해서 아이스크림 판매 증가가 익사자 발생의 원인이라고 판단하는 사람은 없습니다. 아이스크림이 팔리는 때는 여름이고 여름에는 수영을 하는 사람이 많으니 익사자가 늘어납니다. 여름이라는 제3의 요인이 있는 것이지요.

만약 누군가가 음악회가 끝난 공연장 앞에서는 소매치기가 일어나지 않는다는 것을 근거로 예술이 사회적 가치를 가진다고 주장한다고 해보죠. 여러분은 예술적 경험이 소매치기와 같은 범죄를 막는 데 유용하다고 판단하겠습니까? 그보다는 소매치기를 할 가능성이 있는 사람이 공연장에 올 여유가 없다고 보는 것이 더 설득력 있을 수도 있습니다. 또는 음악 공연을 관람하는 중산층 이상의 사람들은 경제 범죄를 저지르지 소매치기 등의 경범죄는 잘 저지르지 않는다고 생각해볼 수도 있습니다. 이렇게 보면, 음악 공연과 소매치기 범죄가 일어나지 않는 것 사이에는 '상관관계는 있지만 인과관계는 없다'고 판단하는 것이 합리적입니다.

부모와 나의 관계는?

상관관계와 인과관계의 혼동은 부모와의 관계를 생각할 때도 많이 일어납니다. 현대 심리학 이론은 부모의 양육 태도 및 양육 환경과 자녀의 정서적 안정에 상관관계가 있다고 주장합니다. 상관

개념편 | 일상을 힘들게 하는 생각 습관들

관계가 있다는 것이 곧 나의 모든 문제가 부모의 양육 태도 때문이라는 의미는 아니지요. 그러나 누군가를 탓하고 싶은 우리 마음은 부모의 양육 태도를 문제 삼는 방향으로 나아가곤 합니다.

사실 따지고 보면 감정적 상처 없이 어린 시절을 보낸 사람은 거의 없습니다. 부모의 인간적 한계로 인해 양육 태도에 문제가 있었던 경우도 있겠지만 부모가 아프거나 일찍 세상을 떠나서, 가정형편이 안 좋아서 양육 환경이 안 좋은 경우도 있습니다. 만약에 양육 환경과 자녀의 정서적 안정 사이에 인과관계가 성립한다면 양육 환경이 안 좋은 집에서 자란 모든 사람이 정서적 문제를 겪어야 합니다. 그러나 실제로는 그렇지 않지요. 인격적으로 문제 있는 부모와 살면서도 인간에 대한 이해가 깊어지는 사람이 있고, 가정형편이 안 좋은 환경에서 자라면서 부모나 조부모까지 돌보며 성장하는 사람도 있고, 부모가 없어도 자신의 인생을 잘 개척해서 남들을 돕는 사람으로 성장하는 경우도 있습니다.

정신과 전문의 문요한은 저서 《관계를 읽는 시간》에서 애착손상이 전혀 없는 것도 문제라고 말합니다. 애착손상이 전혀 없는 것은 가능한 일이 아니지만 설사 가능하다고 해도 애착손상이 심각한 것만큼 문제가 될 수 있다는 것입니다. 그는 '적절한 애착욕구의 좌절'은 세상을 헤쳐나갈 독립심을 주고, 자아중심성에서 벗어나 상호적인 관계를 맺어갈 기초가 되고, 대상의 좋은 면과 안 좋은 면을 바라보고 통합할 수 있는 시야를 준다고 말하고 있습니다.

좌절은 발달의 중요한 요소입니다. 세상이 좋기만 하다고 여기면 좌절과 실패가 엄연히 존재하는 이 세상을 살아나가지 못하겠지요. 애착손상이 전혀 없다면 세상도 부모처럼 자신에게 모든 것을 다 해주겠거니 착각하게 될 텐데, 그런 이가 세상에서 제 몫을 다 하는 사람으로 살아갈 수 있을까요?

남 탓하지 말고
제3의 가능성을 생각하기

부모의 양육 태도와 자녀의 정서적 안정 사이의 관계를 인과관계로 확장해서 생각하게 되는 이유는 무엇일까요? 누군가를 탓하고 싶은 마음, 마음에 안 드는 내 현실에 대한 책임을 외부로 돌리고 싶은 자신의 마음을 들여다보아야 합니다. 설사 이것이 사실이라 하더라도, 즉 부모의 양육 태도 때문에 나 자신이 문제를 가지게 됐다고 해도 그런 진단과 해석을 한들 변하거나 좋아지는 것은 없습니다. 원망한다고 해결되는 문제는 없으니까요.

부모님은 자기 자신의 인간적 한계 안에서 나를 키웠을 것입니다. 문제없는 인간이 없듯, 문제없는 부모도 없습니다. 누구나 부모님의 한계로 인한 영향 속에서 살아가게 됩니다. 물론 정도의 차이로만 치부하기 어려운, 문제가 극히 심각한 부모도 있습니다. 그렇지만 냉정하게 말해서, '그것을 원망한다고 달라지는 것은 없다'

는 사실은 변하지 않습니다. 변화시킬 수 없는 현실을 원망하느라 시간을 낭비하는 것은 바람직하지 않습니다. 부모의 문제로 인해 내가 배운 것과 얻은 것을 파악해보고 이를 잘 활용하는 방향으로 생각을 발전시키는 편이 나을 것입니다. 변할 수 없는 것이 변하기를 바라는 것은 합리적 사고가 아닙니다. 할 수 있는 것을 하는 쪽으로 역량을 집중하는 편이 낫습니다.

상관관계에 불과한 것을 인과관계로 해석해 괴로워하는 일은 피하는 것이 좋습니다. 상관은 있지만 그것만이 원인은 아닌데 그것만이 원인이라 착각하며 그 요인을 제거하는 데 과도하게 집착하면 원망과 괴로움에 빠진 자신만이 남을 뿐입니다.

제3의 가능성을 생각하는 습관을 들일 필요가 있습니다. 내가 짐작하지 못한 다른 이유가 있을 수 있으니까요. 세상은 매우 복잡한 요인이 뒤엉켜 굴러갑니다. 나의 생각으로 함부로 단순화해서 파악하면 헛다리만 짚으며 진실이 아닌 생각에 빠져 괴로워질 위험이 높아집니다.

상관관계에 불과한 것을 인과관계로 확장해 해석하는 습관은 나에게도, 타인에게도 좋지 않습니다. 이유가 다 밝혀지지 않은 것은 '밝혀지지 않은 것'으로 받아들여야지, 함부로 원인을 특정해서는 안 됩니다. 그런 태도는 희생양만 자꾸 만들어내기 마련입니다.

타인을 선의로
해석하기 어려운 이유

휴리스틱

직장인 A씨는 위 세대와 Z세대 사이에 낀 세대입니다. 위 세대가 자신에게 하듯이 Z세대를 대했다가는 문제가 터지는 것을 자주 경험하곤 하지요. A씨는 어느 날 선배들의 요구에 커피를 사 갔습니다. 이런 건 후배 직원이 해야 하는 것 아닌가 싶었지만 Z세대 직원들은 왜 개인적인 심부름을 시키느냐며 거부할 것이 뻔하다여겨 자기가 다녀왔습니다. 선배들도 그럴 걸 알기에 자신을 시켰을 테고요. 그런데 이 일을 두고 후배 직원들끼리 "선배들에게 잘 보이려고 커피까지 사다 바친다"고 흉보는 말을 듣게 됐습니다. 스스로 사회생활에 익숙하다 생각했지만, 그 말을 듣고 쓸쓸해지는 마음을 어쩔 수 없었지요.

우리는 믿고 있던 옆사람이 나를 선의로 해석하지 않고 악의로 해석할 때 더욱 마음을 다치기 마련입니다. '다른 사람은 몰라도 너만은 나를 믿어주리라 여겼는데!' 하고요. 상상도 못했던 방식으로 나에 대해 함부로 넘겨짚는 것을 보면 놀라움을 금할 수 없습니다. '어떻게 이렇게 악의적으로 해석할 수 있지?' 하는 억울함이 가슴을 칩니다. 그러나 냉정하게 생각해보면 타인을 선의로 해석하는 것은 매우 어려운 일입니다. 선의로 해석했다가 실제로 그게 아니었을 때는 큰코다치니까요.

직관적 선택에 따른 오류를
연구하는 인지심리학

사람의 마음은 자신이 믿고 싶은 내용으로 이루어집니다. 그래서 '그 사람은 왜 그것을 믿고 싶어 하는가'가 그 사람이 어떤 사람인지를 알려준다고도 할 수 있습니다.

'내가 믿고 싶어 하는 것'이 정말 믿어도 되는 내용인가 질문하는 일이 바로 철학입니다. 지금 내 마음이 어떤 것을 믿는 쪽으로 나아가고 있는데 거기에 제동을 걸고 '이거 정말 믿어도 되는 거 맞아?'라고 묻는 것은 쉽지 않은 일이지요. '요즘 코인으로 돈을 많이 번다는데' 하는 쪽으로 마음이 가고 있으면 코인으로 돈을 많이 잃은 사례는 눈에 잘 들어오지 않는 법입니다. 더군다나 코인으로 돈을 잃은 경우는 알려지기 어렵다는 진실을 보기도 어려워지지요. 제동을 거는 철학적 질문, 즉 '이거 정말 믿어도 되는 거 맞아?'라는 질문은 내 마음이 엉뚱한 믿음으로 가득 차 진실이 아닌 것을 믿고 잘못된 선택을 할 위험을 줄여줍니다.

인지심리학은 사람이 순간적으로 어떤 것을 믿게 되어 어떤 인지 오류에 빠지는지를 연구합니다. 사람들은 생각보다 즉흥적인 결정을 잘합니다. 행동경제학자 대니얼 카너먼은 사람들이 직관적인 선호에 따라 결정하는 것은 합리적 선택이 아닌 경우가 많다고 말합니다.

인지심리학은 바로 이 '직관적 선호에 따른 결정'을 하는 인간에 대해 연구해, 잘못된 인지를 하게 되는 심리를 설명해주는 분야입니다. 행동경제학은 인지심리학과 경제학이 만난 학문 분야이고요. 경제활동은 결국 인간의 선택으로 이루어지는 것이니 행동경제학에 대한 관심이 커지는 것은 자연스러운 일이지요. 노벨경제학상을 수상한 행동경제학자 대니얼 카너먼의 책 제목은《생각에 관한 생각》입니다. 생각에 관한 생각이 바로 철학인데, 행동경제학에서도 이 '생각하는 능력'을 요구하고 있는 것입니다.

합리적 선택은 논리적·비판적 사고, 즉 따져 물으며 생각하여 전체를 포착하고자 하는 사고에 의한 것입니다. 우물 안 개구리처럼 부분적 인식에 매몰되지 않으려 노력하는 것이지요. 이에 대해 앞으로 자세히 살펴볼 것인데 일단은 **비판적 사고란 체계적으로 따져 물어서 오류를 피하며 생각하는 방법**이라고 정리하고 기억해두시

면 되겠습니다. 생각이 흘러가는 대로 두면 문제가 생기는 경우가
많기에 비판적 사고, 즉 오류를 피하면서 생각하는 방법을 훈련할
필요가 있습니다.

'휴리스틱'이라는 용어를 들어보셨나요? **휴리스틱**이란 **직관적 선
호에 따라 결정하고 조정해나가는 것**을 말합니다. 직관적 선호는 의
식 차원에서 계산하지 못한 가능성까지 포함해서 뇌가 내리는 결
정이기에 속도가 빠릅니다. 휴리스틱은 빠른 데다 어떤 경우에는
놀랍도록 정확하기까지 하지만 어떤 경우에는 어이없게 틀리기도
합니다. 근거에 의한 것이 아니라 직감에 의한 것이기 때문입니다.
다년간의 경험을 통해 훈련된 사람의 휴리스틱은 정확성이 있지
만 막연한 직관적 결정은 정확성이 떨어집니다. 카너먼은 전문가
가 정확한 직관적 판단을 내릴 수 있는 것은 휴리스틱이 아니라 장
기간의 훈련 때문이라고 주장합니다. **휴리스틱의 정확도를 올리려면
논리적·비판적 사고를 하면서 여러 가지 변수에 대한 경험을 쌓아야 하는
것이지요.**

인간의 두 가지 인지 시스템

앞에서 1차적 생각과 검토되고 정리된 생각에 대해 살펴보았습니
다. 이와 유사하게 카너먼은 인간의 인지 시스템을 둘로 구분합니
다. 그는 인간의 인지 시스템이 시스템1과 시스템2의 이중 과정

dual process이라고 합니다. 시스템1은 습관에 기초하여 작동하는 자동적 사고 체계로서, 고삐 풀린 충동에 휘둘리는 특징이 있습니다. 이에 비해 시스템2는 의식적이고 합리적인 사고 체계입니다. 시스템1은 앞선 우리의 논의에서 1차적 생각과 가깝고 시스템2는 검토된 생각과 가깝습니다. 시스템2의 의식적으로 사고하는 체계는 시스템1의 자동적인 사고 체계보다 느리고 더 많은 에너지를 소비합니다. 그래서 인간은 가능한 한 자동적인 사고 체계에 의존하고자 하지요. 에너지가 드는 방식으로 힘들게 생각하고 싶지 않기 때문입니다.

시스템1은 저절로 작동하면서 많은 선택과 판단을 은밀히 조종합니다. 저절로 작동하는 시스템1은 느낌이나 인상이 발생하는 영역입니다. 시스템1의 작동으로 얻어진 정보를 기반으로 시스템2가 명확한 생각과 신중한 선택을 할 수 있게 됩니다. 시스템1은 앞에 뭐가 있는지 없는지, 소리가 들리는지 안 들리는지, 어떤 소리가 들리는지 등 기초적인 정보를 취합합니다. 즉 시스템1이 작동하지 않으면 시스템2도 작동할 수 없는 것입니다. 그러나 시스템1은 참이 아닌 것을 참으로 믿게 하는 경우가 많기에 시스템2를 제대로 작동시키는 것이 중요합니다.

인지심리학의 연구 결과는 시스템1이 얼마나 오류를 잘 일으키는가를 보여주는 경우가 많습니다. 어떤 것에 집중하면 사실은 고릴라가 지나갔는데도 이를 의식하지 못한다는 실험 등이 그 예죠.

정리하면, '시스템1이 이렇게 작동합니다'라는 정보를 주면서 우리가 원하는 결과를 얻기 위해 시스템1의 특성을 어떻게 활용해야 하는지를 알려주는 것이 인지심리학이고, 시스템2가 잘 작동되도록 생각을 훈련하는 것이 철학이라고 할 수 있습니다.

철학을 하는 저로서는 시스템1의 특성을 알아서 시스템1의 오류를 극복하는 것보다는 시스템2의 작동을 원활하게 하는 편이 문제를 해결하는 데 더 효과적이라는 생각이 듭니다. 생각하는 법은 훈련할 수 있고 원리적인 것이니까 말입니다. 인지심리학의 중요도가 떨어진다고 말하는 것이 아닙니다. 인지 시스템이 작동하는 원리를 파악하는 것은 시스템2의 원활한 작동을 위해서도 중요하지요. 시스템1의 한계를 잘 알아야 시스템2의 활성화를 위해 생각 훈련을 할 필요성을 공고히 할 수 있을 테니 말입니다. 심리에는 시스템1에서 일어나는 오류가 포함됩니다. 그리고 심리에는 논리의 작동을 방해하는 측면이 있습니다. **심리에 의해 비틀어진 논리는 사회적으로나 개인적으로 문제를 많이 일으킵니다. 어떻게 이 문제를 극복할 것인가가 비판적 사고에서는 매우 중요한 일입니다.**

그러면 대체 왜 심리에 의해 논리가 비틀어지는 걸까요? 인간의 모든 인지 시스템은 자기 보존을 위해 작동하기 때문입니다. 인지 시스템은 사물이나 주변의 움직임에 대해 반응할 때는 신체의 보존을 위해, 타인의 언어나 생각에 대해 반응할 때는 마음의 보존을 위해 작동합니다. 그런데 자기 보존을 위한 판단이 항상 참은 아니라는 게 문제지요. 사람은 자기 보존을 위해 참이 아닌 거짓을 믿을 수도 있는 존재입니다.

논리적 결론이 자신에게 손해를 끼칠 때 인간은 그 논리적 결론을 수용하지 않는 방향으로 생각을 이끌어갑니다. 즉 논리적 결론이 자기 보존에 도움이 되지 않으면 마음은 논리적 결론을 외면하는 방향으로 나아가는 거지요. 그러니 논리적 결론이 마음을 불편하게 하면 그 결론을 외면하는 사람이 많을 수밖에 없습니다. **인간은 논리적 결론이 아니라 자기 보존을 원활하게 만드는 결론, 즉 자신의 마음을 편하게 하는 결론을 참이라고 믿습니다.** 그러나 참이 아닌 믿음은 현실에 맞지 않는 믿음이기 때문에 현실을 원하는 방향으로 바꾸는 데 도움이 되지 않습니다.

우리 뇌가 부정적인 감정에
더 예민한 이유

자기 보존의 원칙은 참이 아닌 믿음을 산출하는 경우가 많습니다. 뇌과학의 연구 결과에 따르면, 뇌는 부정적인 감정에 더 예민하게 반응합니다. 부정적인 사건에 더 강한 자극을 받는 것은 원리적으로 생각해보면 당연합니다. 부정적인 상황을 잘 처리해야 우리가 살아남을 수 있으니 말입니다. 인간의 마음이 자기 보존 원리에 따르는 것은 자연스러운 일인 것이죠.

《마음의 오류들》을 쓴 뇌과학자 에릭 R. 캔델은 뇌를 가리켜 "바깥 세계에 대한 지각을 구축하고 내면의 경험을 생성하고 우리의 행동을 통제하는 경이로울 만큼 복잡한 계산 장치"라고 말합니다. 뇌는 수만 가지 정보를 최대한 빠르게 처리하려고 합니다. 속도를 빠르게 하기 위해 가능한 한 쉬운 방향으로 처리하려고 하므로 선입견이나 편견이 생기기 쉽습니다.

우리가 현재까지의 뇌과학 연구에서 알게 된 중요한 정보는 인간은 있는 그대로 인식하지 못한다는 것입니다. 인간의 잠재의식은 부정적인 정보를 확대 해석하는 경향이 있습니다. 자라 보고 놀란 가슴 솥뚜껑 보고 놀라는 식으로 자기 보존을 위해 부정적인 정보에 집중하기 때문입니다. 심리학에서는 개인의 인지 모형과 편향에 따라 인식이 달라진다고 합니다. 즉 우리는 있는 그대로의 진실을 보지 못하고 그때그때의 관심사에 따라 세부사항을 선별하거나 불완전하게 인지합니다. 현실을 불완전하게 인지한 상태에서 자신의 추정(자기 보존에 관심을 두고 있는)을 덧붙이니 오류와 인지 착각이 일어나는 것이죠. 이것이 인간관계에서 오해를 불러일으키는 원인이 됩니다.

인지가 일어나는 시냅스의 연결 과정에서 시냅스의 연결을 어느 방향으로 해나가는가는 사람마다 다릅니다.《당신의 뇌는 서두르는 법이 없다》를 쓴 양은우에 따르면, 뇌를 자극해서 특정 방향으로 훈련하면 뇌 안에 새로운 연결 회로가 형성되어 시간이 지나도 바뀌지 않고 그대로 남아 있게 된다고 합니다. 경험과 훈련을 통하면 바람직한 방향으로 뇌의 구조를 바꿀 수 있다는 말입니다. 현악기 연주자들은 주로 왼손으로 현을 누르고 오른손으로 활을 켜서 소리를 냅니다. 이들은 피나는 연습을 반복하는데, 이로 인해 왼쪽 손가락에 해당하는 두뇌피질이 보통 사람보다 훨씬 두꺼워지고 넓어집니다.

긍정적인 상상을 통해 뇌가 활성화되면 그 상상으로 활성화된 영역에는 시냅스가 형성되어 서로 정보를 주고받는 길이 만들어집니다. 이 상상이 자주 일어나면 시냅스가 강화되어 단단한 길이 형성됩니다. 긍정적인 사고를 통해 밝은 정서를 이끌어내는 호르몬 분비가 늘어나면 뇌 기능도 그것에 맞춰 달라지고 뇌 스스로 긍정적 정서를 유도하는 호르몬을 분비합니다. 긍정적인 정서가 늘어나면 긍정적으로 사고하는 신경회로의 연결이 늘어납니다. 그것이 강화되면 세상을 바라보는 눈도 달라집니다. 화를 내다 보면 화를 내는 신경회로의 연결이 늘어나고 속도도 빨라지며, 긍정적인 생각을 하다 보면 그러한 신경회로의 연결이 늘어나고 속도도 빨라진다는 것이 현대 뇌과학의 연구 결과입니다.

철학이라는 학문에 익숙한 제가 개념적인 작업을 하면서 일으키는 시냅스의 연결이, 다른 직업을 가진 분들에게서는 일어나지 않을 수도 있습니다. 반대의 경우도 있겠지요. 저는 땅에 정지해 있는 공도 제대로 차지 못하고 헛발질을 합니다. 저에게는 공을 차

는 데 필요한 시냅스의 연결이 매우 부족한 상황입니다. 시냅스의 연결을 어떻게 하느냐는 개인적 노력에 따라 달라질 수 있습니다. 그동안의 경험과 주어진 환경 조건, 자신이 마음을 간수해온 방식, 생각을 전개해나가던 방식 등등이 개입되는 선택이니까요.

편향을 제어하기

지금 우리가 살펴보려는 문제는 인간의 불완전한 인지를 조정해서 가능한 한 최대한 정확하게 인지하는 것입니다.

자기 보존의 방향으로 생각이 나아가는 것은 타인들과의 사회적 관계를 형성하는 데 문제를 일으킵니다. 자기 보존을 하려다 보니 타인을 재단하고 배제하고 정형화하는 과정에서 무의식적 편향이 일어납니다. '○○○한 유형의 사람은 나에게 손해를 끼칠 것이다' 등의 편향이 생기는 것입니다.

무의식적 편향에는 나와 동일하지 않은 것에 대한 배척이 있습니다. 우리가 코로나19 팬데믹 사태를 통해 새삼 이해하게 된 것은 옛날에 인류가 왜 그렇게 이방인을 두려워했는가 하는 점입니다. 이방인이 어떤 전염병을 가져올지 모르는 상황에서 그를 환대하기는 어려웠을 것입니다.

낯선 사람이 나의 친구인지 적인지 알 수 없는 상황에서 그 사람이 하는 말을 여러분은 어떻게 해석하겠습니까? 그동안 인류는

1차적 판단을 좋게 내려왔을까요, 아니면 나쁘게 내려왔을까요? 이때 자기 보존을 위한 계산이 개입될 수밖에 없겠지요. 자기 보존을 위해서는 1차적으로 나쁘게 해석해놓는 것이 안전할 것입니다. 나쁘게 해석하면 미리 방비를 하게 되지만 좋게 해석하면 방비를 하지 않아 큰 문제가 일어날 위험이 생길 테니 말입니다. 그 반대일 경우에는 나중에 알고 보니 친구인 사람을 적으로 대해서 상대에게 미안해지는 일이 일어나게 되기는 하지만, 이건 내 입장에서 큰일은 아니죠.

이것이 우리가 타인의 의도를 선의가 아닌 악의로 해석하기 쉬운 이유입니다. 악의로 해석했다가 선의임을 알게 되면 미안할 뿐이지만, 선의로 해석했는데 실제로는 악의였을 경우에는 사기 등 온갖 피해를 입게 되니까요.

누군가가 나를 선의로 해석하지 않고 악의로 해석한다는 것을 느끼면 마음이 아프지요. 나를 믿어주지 않고 그렇게 생각해버리는 그 사람이 야속하기 마련입니다. 우리는 모두가 나를 오해할 때 나를 이해하고 내 입장에서 생각해주는 사람을 원합니다. 그렇게 기대했던 사람마저 다른 사람과 다를 바 없다는 사실을 알게 되면 매우 실망하고 상처받습니다. 그러나 일단 상대를 악의로 해석하는 일이 진화 과정에서 인간이 살아남기 위해 어쩔 수 없이 선택한 생존 전략임을 이해하고 너무 상처받지 않으시면 좋겠습니다.

인간의 마음과 생각은 자기를 보존하는 방향으로 나아갑니다.

타인을 선의로 해석하는 데는 나의 부담이 많이 따릅니다. 상대방이 나를 배신했을 때 손해를 볼 위험을 떠안는 것이기 때문입니다. 이것이 바로 타인을 선의로 해석하는 것이 어려운 이유입니다. 그러한 억울함을 느끼게 될 때 나는 얼마나 타인을 선의로 해석하는지 생각해볼 필요가 있습니다. 나도 웬만큼 믿는 사람이 아니고서는 그다지 타인을 선의로 보지 않으면서, 타인에게만 그러한 선의를 바라는 것은 아닌지 돌아보는 것이 좋겠습니다. 그리고 나를 선의로 해석해주는 주변 사람들에게 감사한 마음을 가져야겠지요. 그들은 배신당할 위험 부담을 안고도 나를 믿어준 것이니 말입니다.

오해와 편견을 부르는
뇌의 에너지
절약 방침

인지 구두쇠

다른 사람이 나에 대해 함부로 넘겨짚을 때 기분이 상하지요. '제 속 짚어 남의 속'이라고, 사람들은 자기 마음이 흘러가는 방식에 따라 다른 사람에 대해 예측합니다. 요즘 말하는 '뇌피셜'(내 생각일 뿐인데 사실이라고 착각하는 것, 뇌와 '오피셜'의 합성어)입니다.

사람들은 꼭 자기처럼 생각합니다. 사람이 타인을 어떻게 해석하는가를 보면 그 사람의 마음속을 들여다볼 수 있습니다. 예를 들어, 돈이 중요한 사람은 세상만사를 돈 중심으로 해석하고 돈 중심으로 생활하지 않는 사람을 이해하지 못합니다. 마음이 착한 사람은 타인을 잘 믿고 일을 당하기도 합니다. 그러고 나서는 '사람이 어떻게 사람에게 그러냐' 하면서 놀랍니다.

사람은 타인을 일단 악의로 해석하게 된다고 했습니다. 그 이유는 빠르게 판단을 내리려고 하는 것과 관련이 있습니다. 대체로 우리는 대표적인 인상 몇 가지로 그 사람에 대한 판단을 내리려 합니다. 자세히 들여다보려 하지 않지요. 자세히 들여다보는 데는 에너지가 들기 때문입니다. 타인에 대해서 함부로 넘겨짚는 일도 그래서 많이 일어납니다.

아마 다들 다른 사람이 나를 깎아내리는 방식으로 넘겨짚어서 기분 나빴던 경험을 가지고 있을 것입니다. 왜 그렇게들 깎아내리는 방식으로 넘겨짚을까요? 한마디로 인간은 모두 '잘나고 싶기' 때문입니다. 인간의 인식은 자기 잘난 맛을 확인하는 방식으로 이루어집니다. 우리는 은밀히 타인이 나보다 못났기를 바랍니다. 그래서 유명인의 가십에 대해서도 '그렇고 그런 거 아니야?'라는 식으로 쉽게 넘겨짚으면서 그의 약점을 확인하고 싶어 합니다.

진실을 가리는 인지편향

인지심리학에는 인지편향을 지칭하는 용어가 무척 많은데, 상대의 행동과 연결지어 판단할 때 깊이 생각하여 합리적으로 추정하지 않고 선입견에 의해 넘겨짚는 상황은 **회상 용이성 휴리스틱**이라합니다. 회상하기 쉬운(인상 깊은) 몇 가지 사건을 엮어 인식을 해버리고 실제의 모습에는 관심을 갖지 않는 인지편향을 말하지요. 생각하고 싶은 대로 생각해버리는 방식의 한 유형인 것입니다. 에너지를 덜 들이는 방향으로 편하게 생각하려 하기 때문에 일어나는 문제입니다.

대니얼 카너먼에 따르면, 한 인물이 '북적이는 거리에서 멋진 볼거리를 구경한 뒤 지갑이 없어졌음을 알았다'는 내용의 문장을 읽힌 뒤 깜짝회상검사를 실시했더니 사람들은 문장에 등장하지도 않는 '소매치기'라는 단어를 연상했다고 합니다. 사람들은 문장에 나오지도 않은 '소매치기'라는 단어가 문장에 엄연히 등장한 '볼거리'라는 단어보다 이 이야기와 더 밀접히 연관된다고 생각했다는 것입니다. 에너지를 아끼려고 익숙한 것에 기대어 쉽게 넘겨짚는 것이죠.

신경망이 에너지 비용을 최소화하고자 한다는 것은 현대 뇌과학에서도 확인된 내용이지요. 뇌를 포함한 인간의 신체는 가능한 한 에너지 소비를 줄이고자 합니다. 서면 앉고 싶고 앉으면 눕고 싶고 누우면 자고 싶은 것처럼, 생각과 마음에서도 소요되는 에너지를 줄이려 하게 됩니다.

뇌는 단순한 것을 좋아합니다. 복잡한 것을 두고도 그 복잡성에 주목하기보다는 손쉬운 결론에 도달하려고 합니다. 여러 변인을 고려하지 않고 '○○해서 ○○한 거겠지' 하고 쉽게 추정해버립니다. 인지심리학에서는 이를 두고 **인지 구두쇠**라는 표현을 사용합니다. 모든 정보를 충분히 고려하는 것이 어차피 불가능하므로 **뇌는 적절하게 생략하고 최대한 효율적인 판단을 내리려 합니다.** 효율성을 추구하는 방향이 나쁘다고만 볼 수는 없지만 **이런 인식 방식을 방치하면 왜곡된 인식에 안주하게 될 우려가 높습니다.**

왜곡된 인식에 안주하지 않으려면 카너먼이 말한 시스템2를 의식적으로 활성화해야 합니다. 즉 '따져 보려는 노력'을 해야 하는 것이죠. 카너먼에 따르면 의식적인 의심은 시스템1의 영역 밖이며, 그런 의심을 하려면 양립 불가능한 해석을 동시에 고려해야 합니다. 즉 어떤 것을 믿으면서도 그 믿음이 틀릴 가능성을 생각할 줄 알아야 하는 것이지요. 의식적인 의심이란, 자신이 어떤 인식을 해놓고서도 '이게 맞나?' 하고 의문을 가져보는 것을 말합니다.

어떤 말을 듣고는 '저 말이 맞다'라고 인식했다고 가정해볼까요? 여기서 의식적 의심을 한다는 것은 '저 말이 맞다'는 인식이 타당한가를 검토해보는 것입니다. 이 말은 즉 '저 말이 틀릴 수도 있나?'를 생각해보고, 틀리다면 어떤 이유로 틀릴 수 있는가를 생각해본다는 것입니다. 이 경우 '저 말이 틀리다'와 '저 말이 맞다'를 동시에 고려해보아야 하는데, 이는 정신적 수고가 필요한 일이지요. 이러한 정신적 수고가 바로 **비판적 사고**입니다. **무엇이든 그것이 타당할 가능성과 타당하지 않을 가능성을 동시에 균형적으로 고려하는 것** 말입니다.

후회를 줄이려면

혹시 여러분은 과거에 잘못인 줄 몰랐다가 지나고 보니 잘못이었음을 자각한 경험이 있나요? 시간이 지나고서야 알게 되는 진실이 있기에 우리는 잘못 판단했다며 뒤늦게 후회를 하기도 합니다. 그런 경험이 많은 사람일수록 반성 능력이 있다고 볼 수 있지요. 시간이 지나고 나서 당시에는 몰랐던 잘못을 깨닫는 경험이 없었다면 그것은 내가 자기 정당화에 빠져 있다는 뜻일 수 있습니다.

"그럴 줄 알았으면 안 그랬지." 자주 하는 말이지요? 잘못한 시점과 잘못을 깨닫는 시점 사이에는 차이가 있을 수밖에 없습니다. 헤겔이 미네르바의 올빼미는 황혼이 되어서야 난다고 한 이유이죠. 두 시점 사이가 너무 길면 어떻게 될까요? 용서를 구할 상대방이 작고했거나 이제는 연락이 안 된다거나 하는 식으로 잘못을 만회할 기회를 갖지 못하게 될 수 있겠지요. 두 시점 사이가 짧다면 많은 문제들을 풀 수 있을 것입니다. 잘못을 몇 년 지나서 깨닫는 것이 아니라 한두 달 뒤에 깨달아서 바로잡는다면 두고두고 후회할 가능성이 줄어들 거예요. 잘못을 바로잡지 못했을 경우의 후회와 바로잡았을 경우의 후회는 그 깊이와 크기가 다를 것입니다. 그래서 잘 생각하는 능력이 중요합니다.

독일 철학자 칼 야스퍼스는 인간을 '알 수 없는 심연'이라고 했으나, 인간은 '알 수 없음'을 오래 견디지 못합니다. 알 수 없으면 피곤해하고 쉽게 단정짓고 싶어 합니다. 이 역시 인지 구두쇠 식의 작용이지요. 빨리 답을 찾고 그에 안주하고 싶어 하는 것이 인간의 특성인데 철학은 이러한 인간의 특성을 거스르는 시도입니다. 이렇게 거스르는 시도를 하는 것은 사실 어렵습니다. 이 어려운 시도를 우리가 해야 하고 또 이에 익숙해져야 하는 이유는 **빨리 찾은 답은 오답인 경우가 많기 때문입니다.** 그 오답에 따라 내린 결정은 우리를 후회로 이끌기 십상입니다. 현실을 우리가 원하는 방향으로 바꾸지도 못하지요.

비록 느리더라도 검토할 것을 최대한 많이 검토해서 내린 결정이나 앞선 행동에 대하여 얻은 새로운 통찰은 후회할 가능성을 줄여줍니다. 현실을 원하는 방향으로 바꾸는 데에도 효과적이지요. 그리고 고민해서 결정을 하는 경우에는 설사 실패를 한다고 해도 그 실패에서 배울 것을 찾을 수 있게 됩니다. 이번에는 어떤 요인을 생각하지 못해서 실패했나를 확인하면서 다음에는 더 잘 생각하는 방법을 체득하게 되기 때문입니다. 그러면 삶에서 후회할 일은 점점 더 줄어들겠지요?

타인이 여러분을 함부로 넘겨짚어서 불편을 경험했다면 여러분도 타인을 함부로 넘겨짚지 않으려 노력할 필요가 있습니다. 인간의 뇌가 인지 구두쇠처럼 작용하여 타인을 넘겨짚게 된다는 사실을 고려하면서, 타인에 대한 나의 행동을 고찰하고 행동 이전에 여러 가지 요인을 검토한다면 오래 후회하는 일을 줄일 수 있습니다.

길을 막고 물어봐! 누가 그렇게 말하나

제3자 퇴행논변

살다 보면 '왜 이렇게 상식적이지 않은 사람이 많은가' '그 사람의 상식과 나의 상식은 왜 그리도 다른가' 하는 의문에 자주 부딪치게 됩니다. 분명히 멀쩡한 사람인데 어느 부분에 가면 정말이지 이상한 소리를 합니다. 너무나 당당하게 이상한 소리를 해서 '저 사람을 이상하다고 느끼는 내가 이상한가' 싶을 지경입니다. 그 사람이 이상한 건지, 그 사람이 이상하다고 느끼는 내가 이상한 건지 판결해줄 사람이 있다면 가서 물어보고 싶은 때가 한두 번이 아니지요.

그런데 이 생각에 빠지다가도 결국은 다음과 같은 생각에 이르게 됩니다.

관계를 단절할 수 없는 사람이라면 그가 이상한 것이든 내가 이상한 것이든 어쨌든 나와 그는 소통해야 한다.

솔직히 누군가가 그 사람이 이상하다고 결정해주면 속이 시원하겠지만 그 사람과 내가 소통을 해내야 한다면 이 결정은 실질적으로는 별 소용이 없는 것입니다. 이 부분이 어렵습니다. 결국은 그 사람과 소통을 해야 하지만 누군가가 '그는 이상해'라고 결정지어줬으면 하는 마음에 시달리게 된다는 것 말입니다. 그만큼 인간은 자신이 옳다는 것을 입증하고 싶어 합니다.

길을 막고 물어봐!
누가 당신처럼 말하나!

우리는 상대방이 틀리면 명확히 인정하고 사과하길 바랍니다. 틀렸다는 것이 분명하게 드러나도 틀렸음을 인정하지 않는 상대방 때문에 힘듭니다. '인정할 것은 인정합시다'라는 마음이 하루에도 몇 번씩 들지요. 그러나 틀렸음을 인정하는 것은 정말 어려운 일입니다.

여러분은 자신이 틀렸음을 인정하는 것이 쉬운가요? 상대방이 틀렸을 경우에는 그 사람이 자신이 틀렸다는 것을 잘 인정하길 바라면서도 내 경우로 오면 마음이 달라집니다. '나를 틀렸다고 하는 네가 이상하다'는 생각이 들지요. 설사 내가 다소 틀렸더라도 굳이 세세히 밝히지 말고 슬렁슬렁 넘어가주었으면 싶기도 합니다.

많은 부부들이 부부싸움을 하다가 기가 막히면 하는 말이 있습니다. "길을 막고 물어봐! 누가 당신처럼 말하나!" 이 말은 '내 생각은 길을 막고 아무에게나 물어도 누구라도 옳다고 할 생각이고 당신의 생각은 누구라도 이상하다고 할 생각이다, 그만큼 당신의 생각이 이상하다는 데 나는 확신을 가지고 있다'는 뜻입니다.

어느 부부가 한밤중에 길을 막고 사람들을 붙잡고 묻는다고 칩시다. A라는 사람이 왔습니다. 그 사람이 상황을 듣더니 "아내 분 말씀이 맞는 것 같은데요" 하면, 남편이 그 판결에 수긍할까요? "아니 지금 여자 분이라고 여자 편 드시는 거예요?" 하거나 "우리 아내만 이상한 줄 알았더니 여기 이상한 사람이 또 있네"라고 할 가능성이 높지 않을까요? 그래서 그다음 사람을 기다렸다고 해보죠. B라는 사람이 왔습니다. 그 사람이 상황을 듣더니 "남편 분 말씀이 맞는 것 같은데요?" 하면, 아내가 그 판결에 수긍할까요? 앞과 똑같은 상황이 벌어질 가능성이 높지요. 누가 나타나도 마찬가지입니다. 누가 나타나도 내 마음에 맞는 말을 해주지 않으면 그 사람은 제대로 된 제3자가 아니라고 여겨집니다. 서로 이러고 있으니 제3자를 찾는 것은 불가능에 가깝습니다. 결국 우리 마음속에서는 내가 원하는 결론을 '맞는다'고 하는 사람은 똑똑한 사람이고 내가 원하는 결론을 '틀리다'고 하는 사람은 이상한 사람일 뿐인 겁니다.

이를 철학에서는 **제3자 퇴행논변**이라고 합니다. 무슨 소리냐 하면 '우리는 자꾸 새로운 제3자를 기다리게 된다'는 것입니다. 풀어 이야기하자면, 사람들은 제3자가 내 편을 들어줄 것을 기대하고 기다릴 뿐이라서 누가 제3자로 오더라도 다른 한쪽에서는 진정한 제3자가 아니라고 평가할 수밖에 없다는 의미입니다. 제3자가 A와 동일한 결론에 이르면 상대방 B가 이를 인정하는 것이 아니라 이 사람은 제대로 된 제3자가 아니라고 주장하고, 제3자가 B와 동일한 결론에 이르면 A가 이를 인정하는 것이 아니라 이 사람은 제대로 된 제3자가 아니라고 주장하는 것입니다. 즉 제3자 퇴행논변은 '누가 와도 결국은 그 사람이 제3자로 인정되지 않을 것'이라는 의미입니다.

여러분은 제3자로 온 사람이 내가 아니라 상대방이 옳다고 판결할 때 그 말이 진실이라고 받아들일 자신이 있나요? 진실을 말하자면, 우리는 그 사람이 틀렸고 나의 판단이 옳다는 소리만 듣고 싶은 것입니다. 정말 그가 틀렸는지, 틀렸다고 생각할 이유가 있는지까지는 머리 아프게 따지고 싶지 않습니다. 우리 모두는 그저 날옳다고 하는 사람들 사이에 있으면서 내가 싫어하는 사람이 틀린 이유를 나열하며 입이 시원해지고 싶을 뿐입니다.

소통을 위한 노력

우리는 종종 '보편타당'에 대해 말합니다. 무언가에 대해 '특별하

개념편 | 일상을 힘들게 하는 생각 습관들

지 않고 사리에 맞아 타당함'을 확언할 수 있는 권리를 가진 사람은 아무도 없음에도 불구하고, 보통 자신은 보편타당하게 생각한다고 착각합니다. 얼토당토않은 것을 가지고 보편타당하다고 주장하는 사람을 만나본 경험이 누구에게나 있을 것입니다. 그 사람은 한 치의 의심도 없이 자신이 보편타당에 가깝다고 생각합니다. 이렇게 충돌할 때 우리는 서로가 말이 안 된다고 생각하지만, 어느 쪽이 보편타당한지 저울추로 매달아 판결해줄 존재는 없지요.

"그래도 보편타당이라는 게 있지 않습니까?" 종종 이런 질문을 받곤 합니다. 그럴 때는 다소 난감해지지요. 그렇게 질문하는 이들은 본인이 보편타당하다고 생각하는 경우가 많기 때문입니다. 본인이 보편타당하지 않다고 생각하면 보편타당을 거론하기가 어려워지죠. 보편타당을 강하게 주장하는 이들은 대체로 자신의 판단이 보편타당하다고 생각하고, 보편타당이 얼마나 어려운가를 생각하는 이들은 보편타당이라는 말을 입에 올리는 것을 오히려 두려워하는 법입니다.

현재의 인류는 지속적인 소통으로 서로의 근거를 검토하고 더 나은 근거를 가진 믿음을 선택하는 과정을 통해 보편적인 진리에 다가가려고 노력하고 있습니다. 이와 동시에 보편이 무엇인지를 결정하는 것이 지극히 어렵다는 사실도 점점 더 분명해지고 있지요. 그럼에도 보편을 향해 나아가야 하는 것은 지속적인 상호검토를 통해서 타당하지 않은 믿음에 빠지는 일을 막을 수 있기 때문입니다.

보편이 가능하다고 생각하면 '나는 보편, 타인은 편파'라는 착각에 빠지기 쉽고, 보편은 없다고 생각하면 극단적인 상대주의에 빠져서 사람으로서 지켜야 할 최소한의 지침마저 포기하게 될 수 있습니다. 기준이라는 것 자체가 없는 듯한 상황이 벌어지기 쉽지요. 그래서 보편을 확인할 수 없더라도 보편을 향해 나아가려 노력해야 한다는 것이 현대의 상식이 되었습니다.

자신이 옳음을 판단해줄 제3자를 확인할 수 있다는 자만을 버려야 합니다. 그렇게 생각하면 내 생각과 다른 생각을 말하는 사람들은 모두 틀린 주장을 하는 사람이 되어버립니다. 제3자를 데려오기는 어렵습니다. 다만 최선을 다해 오류를 줄여나갈 수 있을 뿐입니다. 존 스튜어트 밀은 이렇게 말한 바 있습니다. "잘못된 의견과 관행은 점차 사실과 논증에 굴복한다."

'너는 틀렸다'라는 전제를 가지고서는 그 사람이 제시하는 근거를 제대로 살펴보기 어렵습니다. 우리는 모두 저마다의 우물에 갇힌 채로 자신이 옳다고 생각하는 것을 상식이라 여깁니다. 내가 옳다고 생각하는 것이 정말 세상에서 말하는 상식과 일치하는지 끊임없이 검토해봐야 합니다. 내가 상식이 없다고 생각하는 그 사람은 오히려 나를 보고 상식이 없다고 말한다는 것에 유념해야 합니다. 내가 생각하는 상식이 정말 다른 사람들이 말하는 상식과 일치하는지를 지속적으로 검토해야만 나의 우물을 조금씩 확장할 수 있습니다.

　나 자신의 틀린 부분을 파악하는 이성의 능력은 매우 약합니다. 그러나 이 미약한 능력은 훈련을 통해 상당히 발전시킬 수 있습니다. 이성의 능력을 활성화하여 1차적 생각을 넘어서면 오류를 찾아내 극복할 수 있지요. 생각을 넘어서는 생각은 우리에게 많은 것을 줍니다. 자신이 보편타당하다고 착각하면서 내 마음을 편하게 하는 판결을 내려줄 제3자만 찾고 있는 것은 아닌지, 나에게 상대방을 이해하려는 마음이 부족한 것은 아닌지 살펴야 합니다. 나 역시 이해 받고만 싶어 하지 이해하고 싶어 하지는 않는다는 것을 자각할 필요가 있습니다. 나는 제3자가 봐도 옳을 것이라는 착각에 빠져 있지는 않은지 늘 살펴야 할 것입니다.

내 눈에만 안 보이는
내 잘못

인식의 사각지대

두 사람이 갈등하고 있을 때 그것을 지켜보는 일은 매우 괴롭습니다. 당사자들은 보지 못하는 것이 제3자인 내 눈에는 보이기 때문입니다. 어릴 때 부모님의 부부싸움을 지켜본 경험은 누구에게나 있을 것입니다. 아버지가 못 보는 아버지의 진실을 어머니와 나는 봅니다. 어머니가 못 보는 어머니의 진실은 아버지와 내가 보지요. 그러다 보니 자칫하면 아버지랑은 어머니 흉을 보게 되고 어머니랑은 아버지 흉을 보게 됩니다. 어느 때는 '어른인데 왜 나보다도 생각을 못하지?' 하는 의문이 들기도 하고요.

우리 눈에는 타인들의 이러한 **인식의 사각지대**가 너무 빤히 보여서 스스로 무엇을 못 보고 있는지를 모르는 그 사람이 내심 한심하게 여겨지기도 합니다. '나는 저러지는 않는다'는 생각이 우리 마음에 퍼집니다. 그런데 그런 인식의 사각지대가 나 자신에게는 없을까요? 남들에게는 다 있는 인식의 사각지대가 나에게는 없을까요? **내 인식의 사각지대는 나에게 의식되지 않기 때문에, 마치 나에게는 사각지대가 없는 것 같은 착각이 일어납니다.** 남의 우물은 내 눈에 보이는데 내 우물은 내 눈에 안 보입니다. 그래서 우리는 남들만 우물에 빠져 있고 나는 넓은 세계에 있다고 착각하지요. 그러나 내 눈에 내 우물이 안 보인다고 해서 내가 우물에 빠져 있지 않은 것은 아닙니다. 나 역시 내가 모르는 우물에 빠져 있는 한 사람일 뿐입니다.

내가 모른다는 것을 아는 것, 메타인지

여러분은 아마도 "나는 나를 잘 안다"고, "이 부분은 내가 맞는다"고 큰소리치는 사람들 덕분에 속이 터졌던 경험이 제법 있을 것입니다. 타인의 인식의 사각지대를 볼 때 우리가 느끼게 되는 것이 있지요. '저렇게 남들 눈에는 훤히 보이는 것이 당사자에게는 보이지 않는구나!' 여러 번 강조하고 있지만 인식의 사각지대는 당사자 눈에만 안 보입니다!

타인의 사각지대를 보며 남들만 인식의 사각지대를 못 본다고 생각하는 사람과 '저 사람이 저러는 것을 보면 나에게도 나만 못

보는 사각지대가 있겠구나'라고 느끼는 사람의 살아가는 모습은 다를 수밖에 없습니다. 자동차 사이드미러에 사각지대가 있음을 모르는 사람은 자신이 보는 것을 전부라 믿기에 지나치게 과감하게 운전을 할 것이고 그래서 결국 사고를 많이 겪게 될 것입니다.

나에게 인식의 사각지대가 있음을 깨달으면 내 사각지대를 보려고 노력하게 됩니다. 그리고 내 사각지대를 의식할수록 타인의 인식의 사각지대를 수용할 수 있는 힘이 생깁니다. 바로 이것이 소크라테스가 '무지의 지가 최고의 지'라고 하는 이유입니다. 내가 모른다는 것을 아는 것은 매우 어렵지요. 앎이 전혀 없다면 내가 무엇을 알아야 하는지를 알기 어렵습니다. 내게 앎이 쌓이고 앎을 위한 노력을 기울였을 때에야 내가 무엇을 모르고 무엇을 더 알아야 하는지에 대한 판단이 서지요. 즉 **내가 모른다는 것을 아는 건 '많은 것을 알 때'** 가능한 일입니다. 이것이 요즘 자주 거론되는 상위인지(메타인지)입니다. **메타인지**는 인지에 대한 인지, 즉 **자신이 아는 것은 무엇이고 모르는 것은 무엇인지를 메타 차원(상위 차원)에서 검토하는 것**입니다. 요즘 대두하고 있는 메타인지 학습법은 학습자가 무엇을 알고 있고 무엇을 모르는지를 인식해서 모르는 것을 학습하도록 이끄는 학습법을 말합니다.

사실 메타인지나 상위인지는 철학적 성찰을 지칭하는 말입니다. 인간은 맨눈으로 자신의 얼굴을 보지 못하죠. 우리가 자신의 얼굴을 보려면 거울이 필요합니다. 철학은 우리에게 거울과 같은

개념편 | 일상을 힘들게 하는 생각 습관들

역할을 합니다. 철학이 바로 '생각에 관한 생각'이니 '인지에 대한 인지'인 메타인지는 그 자체로 철학적 작업이지요.

철학이 어렵게 느껴지는 것은 바로 이 '보이지 않는 인식의 사각지대'를 보라고 요구하기 때문입니다. 철학은 보편적 인식, 즉 인식의 사각지대를 완전히 없앤 지식을 지향합니다. 나에게만 진리인 인식이 아니라, 모든 편향이 제어된 보편적 인식을 추구하지요. 인간이 모든 편향을 제어한 완전한 인식에 도달하기는 어렵지만, 보편적 인식을 지향하는 노력만이 나를 나만의 우물에 덜 빠지게 도와주리라 믿고 그러한 방향으로 한 걸음 한 걸음 가보아야 합니다.

꼰대란 인식의 상대성을 인정하지 않는 사람

꼰대는 자신이 꼰대임을 알까요? 꼰대가 꼰대임을 알면 점점 더 꼰대가 안 되도록 노력할 것입니다. "나는 민폐 끼치는 사람이 정말 싫다"라고 강하게 말하는 사람을 상상해보죠. 여러분은 '나도 정말 싫다!'고 할 건가요, 아니면 '사람이 자기도 모르게 민폐를 끼치게 되기도 하지……'라고 할 건가요?

'민폐 끼치는 사람이 싫다'고 강하게 말하는 사람은 어딘가 모르게 부담을 줍니다. 부담스러운 이유는 무엇일까요? 그렇게 강하게 말한다는 것은 '나는 절대로 타인에게 민폐를 끼치지 않는다'는 전제를 깔고 있다는 뜻입니다. 자신 역시 민폐 끼쳤을 가능성을 염두에 두고 있다면 그렇게까지 강하게 표현하기는 어려울 테니 말입니다. 이는 그 사람이 자신도 모르게 타인에게 민폐 끼쳤을 가능성을 전혀 생각하지 않는다는 의미입니다.

달리 말하면, 그는 자기반성이 잘 되는 사람은 아닐 거예요. '똥 묻은 개가 겨 묻은 개를 나무란다'는 속담처럼, **지적과 비난의 언어를 많이 사용하는 이는 자신이 그 지적과 비난의 당사자일 수 있는 가능성을 검토하지 못하는 사람일 가능성이 높습니다.** '나도 민폐 끼치는 사람이 싫은데 그래서 혹시 내가 민폐 끼치는 사람일까 두려워'가 비판적 인식을 하는 사람이 할 수 있는 말입니다.

내 인식의 사각지대를 보면 볼수록 인식의 상대성을 인정하게 됩니다. '나의 인식은 누구나 그렇게 생각하는 보편적인 인식이고 너의 인식은 오직 너만의 개별적이고 왜곡된 인식이다'라는 식의 절대화와 멀어질 수 있지요. 인식의 상대성을 인정하지 않고 자신의 인식은 절대적 진리라고 주장하는 사람을 흔히들 꼰대라 칭합니다. 자신이 옳다고 철석같이 믿고 있기에 목소리에 힘이 넘칩니다. 전혀 조심스럽지가 않습니다. 이렇게 목소리를 높인다는 것 자체가 자신이 틀릴 수 있는 가능성을 그만큼 인식하지 못한다는 뜻이기에, 주변에서는 거부감을 느끼게 됩니다.

다음 중 어느 쪽이 더 좋은 부모님이라고 생각하는지 학생들에게 물은 적이 있습니다.

A 나만한 부모 있으면 나와 보라고 그래. ○○도 해주고 ○○도 해주었잖니?

B 우리가 부모 노릇을 잘하고 있는지 걱정이야. 그때 그때 너에게 최선을 하려고 하지만 그게 최선인지 다른 게 최선인지 판단하기 어려울 때가 많아.

학생들은 이구동성으로 B를 선택했습니다. 상당히 강한 확신의 목소리였습니다. 스스로 부모 노릇을 잘하고 있다고 생각한다면 이는 자신이 어디가 어떻게 부족한지를 그만큼 성찰하지 못한다는 뜻입니다. 무엇을 잘못하고 있지는 않은지를 자꾸만 살피는 부모와 자신이 잘못할 가능성을 거의 살피지 않는 부모는 당연히 차이가 나겠지요. 이는 그 흔한 단어, '반성'의 말 뜻 그대로 돌이켜 생각해보느냐 그렇지 않느냐의 문제입니다.

하다못해 다이어트를 해도 매일매일 식사량과 체중을 기록하면서 노력해야 성과가 납니다. 얼마를 먹었는지, 무엇을 먹었을 때 체중이 증가했는지를 점검하지 않고 다이어트를 하겠다는 결심만으로 다이어트에 임해서는 원하는 결과에 도달할 수 없겠지요. 부모 노릇은 오죽할까요? 자녀에게 이렇게 하는 것이 더 적절한지 저렇게 하는 것이 더 적절한지 애면글면 검토한다는 것 자체가 좋은 부모임을 입증하는 것입니다.

우리 모두에게는 나 자신에게는 보이지 않는 인식의 사각지대가 있습니다. 각자의 입장에 따라 사각지대가 형성됩니다. 우리 모두는 자신이 바라는 바에 영향을 받아서 생각하기 때문에 욕심이나 소망에 눈이 가려져 진실을 못 보게 되곤 합니다. 타인에게는 그 사람만의 사각지대가 있고 나에게는 나의 사각지대가 있습니다. 각자가 자신이 못 보는 진실을 보려고 노력하면서 타인의 사각지대에 대해 유연한 태도를 가질 때 인간관계가 수월해집니다.

나조차 속아 넘어가는 나의 거짓말

가짜 일관성

요즘 **인지부조화**라는 말이 자주 들려옵니다. 이는 **자신의 신념과 일치하지 않는 행동을 한 뒤 자신이 잘못했다는 부정적 감정에서 벗어나려고 신념을 바꿔버리는 현상**을 말합니다. 예를 들어, 정의와 평등을 강하게 외치던 사람이 진보정당에서 보수정당으로 당적을 옮기면서 사실 자신은 실용주의자라고 말하는 경우가 이에 해당하지요. 사실상 말을 바꾸는 것인데 이런 사람들은 주변에서 "왜 말을 바꾸냐"고 물으면 말을 바꾸는 것이 아니라 자신은 원래부터 그런 입장이었다고 말하곤 합니다. 학력을 위조한 뒤 그 학력 가진 사람보다 내 능력이 좋으니 상관없다는 식으로 자신의 위법 행위를 정당화하는 사람들의 경우도 보게 되곤 합니다.

대체로 사람들은 자기 자신이 논리적·일관적이라고 생각합니

개념편 | 일상을 힘들게 하는 생각 습관들

다. 그래서 자신의 비일관성을 의식하기보다는 행동과 신념의 불일치가 주는 불편함에서 벗어나기 위해 **가짜 일관성**을 만들어냅니다. 다른 사람들은 그 비일관성을 한눈에 알아볼 수 있지요.

자신의 비일관성을 검토하는 것은 매우 철학적인 행위입니다. 타인의 비일관성을 의식하는 것은 너무나 쉽지만 자신의 비일관성을 검토하는 것은 어렵습니다. 보통은 나 자신이 일관적이지 못하다고 생각하면 괴로우니까 스스로 일관성을 깨고 있음을 파악하기보다는 남들이 자신의 일관성을 이해하지 못한다고 생각하게 되지요. 이렇듯 가짜 일관성은 인지적 편안함을 줍니다. 그래서 우리는 가짜 일관성에 빠지기 쉽습니다.

인지부조화와 기억 왜곡

인지부조화는 생각을 검토하지 않고 1차적 생각에만 안주하기에 일어나는 일입니다. 위에서 언급한 당적을 바꾼 사람이 인지부조화에 빠지지 않으려면 자신의 변화를 인정해야 합니다. '정의와 평등이 중요하다고 생각해서 진보정당에 몸담았지만 현실정치를 하면서 정의와 평등은 지나친 이상임을 깨달았고, 정의와 평등으로 나아가는 실질적인 변화를 이뤄내려면 보수정당에서 활동하는 것이 현실적으로 낫겠다고 판단했다' 정도로라도 변화를 인정해야 하는데 그러기가 싫으니 '실용주의'라는 가짜 일관성을 만들어내는 것입니다. 이 경우 타인들은 당사자가 인식하지 못하는 진짜 일관성을 추려낼 수도 있습니다. 예를 들면 정계에 발을 들이기 위해 진보정당에서 추구하는 신념으로 자신을 포장했다가 보수정당에서 더 좋은 자리를 제안하니 그리로 간 것일 뿐이라고 말입니다. 겉으로 어떤 명분을 내세우더라도 사실 그 사람을 움직이는 동력이 무엇인지는 주변에서 관찰하는 사람들이 더 잘 알게 되는 법입니다.

인지부조화에 처한 사람은 자신이 이미 한 행동에 맞추어 신념을 바꾸고 나서 누군가가 행동과 신념의 불일치를 지적하면 사실은 본인의 신념이 원래 다른 것이었다며 복잡하게 설명합니다. 복잡하게 설명하다 보면 듣는 사람뿐만이 아니라 자기 자신도 속아 넘어가기 쉽습니다. 기억은 편리한 방식으로 왜곡되는 경우가 굉장히 많기 때문이지요.

기억이란 경험·사건이 그대로 뇌에 저장됐다가 출력되는 것이 아니라 사실은 뇌에서 재구성되는 것입니다. **과거에 대한 기억은 현재의 입장과 가장 가까운 방향으로 재구성되지요. 그래서 자신의 마음이 편리해지는 방식으로 왜곡된 일관성을 유지합니다.** 이것이 우리가 다른 사람들이 말을 바꾼다고 느끼는 이유이고, 당사자는 말을 바꾸면서도 바꾼다고 인식하지 못하는 이유입니다.

인지심리학에서 말하는 선택 지지 편향도 가짜 일관성과 연결됩니다. '나는 항상 최고의 선택을 했어'라고 생각하면서 어떤 결정을 내린 뒤에도 그 결정이 최고의 선택이었다고 기억을 왜곡하거나 자기가 선택하지 않은 옵션은 나쁜 것이었다는 식으로 생각하기도 합니다. 자신의 선택을 지지하는 방향으로 기억을 왜곡하는 것이죠.

수많은 갈등이 기억의 왜곡에서 옵니다. 손해를 본 사람은 자신이 본 손해를 똑똑히 기억합니다. 100만 원의 손해로 인한 충격을 상쇄하려면 225만 원의 이익을 보아야 한다는 연구 결과가 있습니다. 그만큼 우리는 손해로 인한 충격을 더 크게 받습니다. 그러니 세상에는 손해 본 사람만 득시글거리게 됩니다. 자신이 본 손해에만 집중하고 자신이 얻은 이득에는 주목하지 않기 때문입니다. 이런 이유로 사람들은 내가 아닌 상대방이 이익을 많이 봤다고 느끼게 되지요.

기억이 나에게 유리한 방향으로 왜곡될 가능성이 있음을 늘 경계하지 않으면 자기 편한 대로 생각이 흘러가는 것을 막을 방도가 없습니다. 남이 보기에 부당한 이득을 얻은 사람도 자신이 이익을 볼 만한 이유가 있어서 그랬다고 생각하지 부당한 이득을 얻었다고는 생각하지 않습니다. 그 사람은 '지금 약간 운이 좋았을지 모르지만 다른 데서 운이 나쁜 경우가 많았으므로 이 정도로는 벌충이 안 된다'고 생각하면서 자신이 본 손해에 집중할 가능성이 높습니다.

후광 효과

"판단을 유예할 줄 모르는 것이야말로 비합리성의 가장 두드러진 측면 중 하나다"라고 《비합리성의 심리학》에서 스튜어트 서덜랜드는 말합니다. 많은 경우 사람들은 판단을 내릴 근거가 없는데도 빨리 판단 내리고 그 생각을 머릿속에서 치워버리고 싶어 합니다. 그래서 일단 판단을 내리고 나면 그 판단이 옳은 이유를 찾는 쪽으로만 머리가 돌아가게 됩니다.

인간의 뇌는 주목하고 싶은 것만 보면서 많은 사항들을 누락한 채 성급히 일반화합니다. 세세하게 주목하는 것은 어렵기에 인상 깊은 것만 연결해서 '이러이러하구나' 하고 추정합니다. 몇 가지 눈에 띄는 사건이 있으면 사람들은 그것들을 연결해 스토리를 만들어 기억합니다. 앞에서 이야기한 회상 용이성 휴리스틱이 바로 이것입니다. 그런데 문제는 사람들이 자신의 욕망에 맞추어 스토리를 만들어낸다는 것입니다. 타인에 대한 상상은 타인이 나보다 못난 사람이었으면 하는 무의식적 소망과 연결되어 있기 십상이지요. 사람들은 스토리가 그럴싸하면 그것이 사실에 기반해 있느냐의 여부는 별로 신경 쓰지 않습니다. 이것이 가십거리가 넘쳐나는 이유입니다.

가짜 일관성이나 확증편향과 마찬가지로 인간의 인식을 오도하는 일을 설명한 것으로 '후광 효과'라는 심리학 용어가 있습니다.

개념편 | 일상을 힘들게 하는 생각 습관들

'능력이 좋다'와 '못생겼다'는 연결이 잘 되지 않지만 '능력이 좋다'와 '잘생겼다'는 연상이 잘됩니다. 그래서 능력이 좋은 사람은 잘생겨 보인다거나 잘생긴 사람은 능력이 좋아 보인다거나 하는 편향이 생길 수 있습니다. **후광 효과는** 하나의 좋은 특성이 다른 특성까지 **좋게 보이게 만드는 것을** 말합니다. 능력이 좋다는 것이 강한 인상으로 남으면 그 사람의 다른 모든 것이 좋아 보이게 되지요.

동일한 내용의 개그를 인기 코미디언이 하는 경우와 무명 코미디언이 하는 경우를 생각해봅시다. 두 경우에서 관객의 반응이 전혀 다르리라는 점은 독자 여러분도 충분히 짐작하시겠지요. 이는 그 사람의 능력 때문이기도 하지만 절반쯤은 다른 이유가 작동합니다. 무명시절을 오래 겪은 어느 코미디언이 그런 말을 한 적이 있습니다. 자기가 무명시절에는 정말 웃긴 얘기를 해도 잘 웃어주지 않던 관객이 유행어가 크게 인기를 얻고 난 다음부터는 머리만 쓸어올려도 웃는다는 것입니다. 자신은 그냥 일상적인 행동을 했을 뿐인데 그 행동에 웃음이 터지는 관객이 낯설다고 했습니다. 이는 관객들이 '저 사람은 웃긴 사람'이라는 인상을 가지고 그의 말과 행동을 보기 때문입니다. 한마디로, 웃을 준비를 하고 그 사람을 보는 것이죠. 인기인의 개그는 웃을 준비를 하고 보고, 무명인의 개그에는 '저 사람은 누구지?' 하고 낯섦을 먼저 느끼게 되니 반응이 다를 수밖에 없는 것입니다. 낯섦을 느낄 때 인간의 뇌는 그 낯섦을 처리하느라 웃을 여유가 줄어들지요. 무명 코미디언이 이

낯섦을 날려버릴 만큼 웃기다면, 그리고 그런 경험이 관객에게 축적되면 인기를 얻게 됩니다. 그리고 한번 웃기는 사람이라는 인식이 형성되면 그 이후의 인식도 그러한 방향으로 나아갑니다. 인간의 뇌는 가능한 한 인식을 바꾸지 않으려고 하니까요. 에너지를 아끼기 위한 뇌의 작용, 즉 인지 구두쇠에 대한 내용도 앞에서 이야기했지요. 인식을 바꾸는 데에는 에너지가 들기에 가능한 한 뇌는 이를 피하고자 합니다.

비슷한 예로, 어느 TV프로그램에서 심리 실험을 한 적이 있습니다. 강사가 하버드대학을 졸업했다는 정보를 주고 강사의 강의에 대해 평가해보라고 한 실험이었습니다. 그 강사는 객관적으로는 말이 안 되는 내용을 어려운 표현을 써서 강의를 했지요. 그런데 수강생 대부분이 '하버드대 졸업이라 그런지 강의를 잘하는 것 같다'는 평가를 내렸습니다. 강의 내용이 이상하다고 제대로 평가한 사람은 극히 소수였고요. 처음에 '하버드 출신'이라는 강력한 인상을 받으니 그다음에 이상한 말을 해도 '내가 잘 못 알아듣는 거겠지' 하면서 그에 맞춰 생각해버리는 것입니다. **우리가 누군가의 말을 들을 때에는 자신도 모르게 그 사람의 말에 동의할 것인지 거부할 것인지 대체로 미리 정해지는 셈입니다.**

회사에서 영업사원을 뽑을 때는 외모도 인상도 좋은 사람을 뽑지요. 난생 처음 보는 사람의 경우에는 외모와 인상의 영향을 받을 수밖에 없다는 점을 기업들은 알고 있는 것입니다. 인간은 자기

개념편 | 일상을 힘들게 하는 생각 습관들

가 좋아하는 사람의 말은 동의하려는 태도로 듣고, 자기가 좋아하지 않는 사람의 말을 들을 때에는 거부하려는 태도로 듣습니다. 동의하는 태도로 듣다 보면 동의해야 할 이유가 생각나고, 거부하려는 태도로 듣다 보면 거부해야 할 이유가 생각나는 법입니다. 하고 싶은 일에는 해야 할 이유가 보이고 하기 싫은 일에는 하지 말아야 할 이유가 보인다고 하지요. 뇌가 그렇게 돌아갑니다.

이렇게 인간의 뇌는 인식하는 과정에 드는 에너지를 최소화하기 위해 가짜 일관성을 만들어냅니다. 강력한 인상에 부합하지 않는 정보는 무시하면서 편리한 가짜 일관성에 기대어 판단합니다. 인지부조화라는 말은 가짜 일관성에 빠지기 쉬운 특성을 경고하는 말입니다. 자신의 기존 믿음에 반대되는 증거가 나왔을 때 자신의 믿음을 포기하기보다는 그 증거가 증거로서 부적합하다는 쪽으로 생각을 가져가기 쉽지요. 인간은 자신의 믿음이 논리적으로 일관되지 않다고 의식하기보다는 자신의 믿음이 얼마나 일관되었는가를 증명하기 위한 증거를 찾는 데 골몰합니다. 자신의 믿음이 거짓임을 받아들이는 데 드는 마음의 에너지가 자신의 믿음이 참임을 받아들이는 데 드는 마음의 에너지보다 크기 때문입니다.

이렇게 마음의 에너지를 아끼는 방향으로 생각이 흐르는 일을 막는 것이 바로 철학입니다. 철학에서는 일치하는 증거든 충돌하는 증거든 지금 확보할 수 있는 모든 증거를 검토해서 결론내릴 것을 요구합니다. 물론 인간이 모든 변수를 고려할 수는 없습니다. 훈련으로 고려 가능한 변수와 가능성을 늘려나갈 수 있을 뿐이지요. 자신의 욕망에 따라 특정 증거에만 집중하거나 무시하면서 자기만의 가짜 일관성을 형성하지 않도록, 참이 아닌 인식에 안주하지 않도록 철학적 사고에 익숙해지도록 합시다.

개념편 | 일상을 힘들게 하는 생각 습관들

생각의 틀을 바꿔야
해답이 보인다

프레임 바꾸기

누군가에게 이런 문자를 보낸 적이 있습니다.

산다는 건 어디선가는 모욕을 견뎌야 하는 일 같아. 네가 그들의 의도가 정교하고 복잡하고 체계적이라고 생각하며 힘들어하지 않았으면 좋겠어. 그저 불쌍한 욕망의 노예들일 뿐이니, 정교한 의도로 너를 공격한다고 생각하지는 않기를 바란다. 인간들이 그렇게까지 똑똑하지는 못해! 어떻게 하면 너를 이용해볼까 비겁하게 조금씩 머리를 쓸지는 모르지만 말이야. 나쁜 인간들 때문에 너의 평화를 빼앗기지 않기를.

내가 겪고 있는 부당한 일에 대해 '내가 그 사람들에게 당하고 있다'라는 프레임으로 접근하는 경우와 '그 사람들이 잘못하는 것이다'라는 프레임으로 보는 경우는 무척 다릅니다. 전자는 그들에게 적절히 대처하지 못하는 내가 못난 것 같아서 2차적으로 화가 더 납니다. 그러나 후자의 프레임으로 보면 문제는 그들이지 내가 아니라는 생각이 들지요.

남들이 부당하게 행동하면서 나를 모욕한다는 생각에 충분한 이유가 있는 경우도 있고 아닌 경우도 있을 것입니다. 충분한 이유가 있는 경우라면 상대방이 잘못하는 것이니 잘못을 하는 그 사람들에게 어떻게 대응할 것인지, 그들과의 경계 설정을 어떻게 할 것인지를 잘 생각해두면 됩니다. 세상에는 타인에게 부당하게 행동하면서 만족감을 얻는 잘못된 욕망 체계를 지닌 사람들이 꽤 있으니 그런 사람들을 상대하는 방법을 고민해두는 것은 중요한 일입니다.

그런데 주변 사람들이 보기에는 모욕당했다고 느낄 만하지 않은데도 당사자가 그렇게 느끼는 경우가 있지요. 충분한 이유가 없는데도 그렇게 생각하게 되는 이유는 무엇일까요?

프레임이 다르면 해석도 다르다

그런 두려움을 느낀다는 것은 내가 모욕당할 수도 있다는 가능성을 늘 염두에 둔다는 것입니다. 그렇다면 '나는 왜 그런 가능성을 염두에 두는가?'를 생각해보아야 합니다. 모든 사람들이 그런 가능성을 마음에 담아두고 전전긍긍하지는 않습니다. 똑같이 모욕적인 일을 겪어도 어떤 사람은 '똥 밟았네'라고 생각하면서 쉽게 털어버리고, 어떤 사람은 '내가 이런 일을 당하다니…' '왜 내가 이런 일을 당해야 하지?' '저런 사람에게 무시당하다니!' 하며 괴로워하지요.

똑같이 나쁜 일을 당했어도 그 일에 대한 해석은 사람마다 차이가 납니다. 그 일을 보는 틀, 즉 프레임이 다르기 때문이지요. '내가 우습게 보일 수 있다'는 생각을 많이 하는 사람일수록 '내가 우습게 보였나?' 하는 의심을 많이 합니다. 그런 생각을 별로 하지 않는 사람은 '내가 우습게 보였나?' 하는 의심을 잘 안 하지요. 사실 '내가 우습게 보일 수 있다'는 생각을 한다는 것 자체가 자신이 우습게 보일 수 있다는 것을 인정하는 것이자 우습게 보일까 봐 두려워하는 것이기도 합니다. 마음속에서 인정하니까 두려워지는 것이지요.

'내가 모욕당할 만하다'는 생각을 평소에 전혀 하지 않는다면 누군가 내게 잘못을 했을 때 그건 그 사람의 잘못이라고 생각하게 됩니다. 그 사람이 잘못한 거고 운이 없게도 그 사람의 잘못에 내가 피해를 입은 것뿐이라고 생각하게 되지요. 그런데 평소에 내가 모욕당할 수도 있다는 가능성을 염두에 두고 있으면 그 일이 더 크게, 또 예민하게 느껴지게 됩니다. '나는 왜 내가 모욕당할 수도 있다는 가능성을 스스로 열어두고 의식하는가?' 하고 자문해볼 필요가 있습니다. 당연히 자신의 경험이나 주변에 있던 사람들의 영향, 현재의 성취 수준 등이 영향을 끼치고 있을 것입니다. 이에 대해 분석을 하다 보면 나에 대해 더 잘 알게 됩니다.

자신의 성취 수준에 대한 평가도 사람에 따라, 자신의 경험에 따라 달라지는 법입니다. 누군가는 작은 성취에도 기뻐하지만 누군가는 큰 성취에도 기뻐하지 않지요. 자기 기대에 미치지 못하면 큰 성취도 작은 성취로 보이고, 현실의 성취가 자신의 기대를 넘어서면 작은 성취에도 기뻐하게 됩니다. 그러면 통상적인 자신의 성취보다 기대를 더 크게 가지게 되는 이유는 뭘까요? 이는 성취 동기를 높이는 태도이기도 하지만 다르게 보면 현재의 자신에 만족하지 못하는 것이기도 합니다. 이런 방식으로 자기 마음의 밑바닥에 깔린 근본 전제를 검토해보는 것이 좋습니다. 이 일은 스스로 해내야만 하는 일입니다. 자기 자신 외에는 아무도 알 수 없으니까요.

이제 '충분한 이유가 있는 경우'에 대해 좀 더 자세히 생각해보죠. 누가 봐도 기분 나쁜 일이고 기분 나쁜 것이 정당하다고 해봅시다. 이때는 꼭 기분이 나빠야 하는 걸까요? 기분이 나쁜 것 자체는 자연스러운 일입니다. 그런데 생각해보면 누군가가 나를 모욕하는 것은 모욕하는 사람의 잘못이지 내 잘못은 아닙니다.

인간은 저마다 자기 잘난 맛을 추구하며 삽니다. 그런데 현실에서 이 '잘난 맛'을 제대로 느낄 수 없거나, 느낄 수 없게 되리라 추정되면 사람들의 생각과 행동이 왜곡됩니다. 어떻게든 잘난 맛을 느낄 수 있는 방향으로 자신의 생각과 행동을 이끌어가지요. 그래서 다른 사람을 깎아내리는 방식으로 말하거나 행동하는 사람들이 있습니다. '악플'을 다는 것도 사실은 이런 이유이고요. 굳이 시간 내서 악플을 달아야 할 이유가 무엇일까요? 자기 잘난 맛을 현실에서 확인할 수 있으면 그걸 확인하느라 악플 달 시간이 없습니다. 결국 현실에서 잘난 맛이 충족되지 않을 때 화가 나고 누군가에게 화풀이를 하고 싶어지는 것이죠.

생각의 프레임을 바꾸는 방법

앞서 말했듯, 모욕감을 주는 사람에도 두 유형이 있습니다. 모욕감을 느끼라고 일부러 그런 행동을 하는 경우도 있고, 상대방의 모욕감은 의식하지 못한 채 그저 자기 잘난 맛을 확인하는 방향으로만 마음이 뻗어나가 그러는 경우도 있습니다. 일부러 모욕을 주는 행동을 하는 경우는 '그 사람은 왜 그렇게까지 타인을 깎아내려야 마음이 편한가'를 생각해볼 필요가 있습니다. 자기 자신을 근본적으로 마음에 들어 하면 남을 깎아내리는 것에 관심이 가지 않기 마련이니까요. 일부러 그러는 건 아니지만 누군가를 모욕하고도 자기가 그랬는지조차 모르는 경우는 '누구나 자기 잘난 맛을 느끼고 싶어 하니 이런 일이 일어나기는 하지' 정도로 이해해볼 수 있습니다.

의도적으로 타인에게 모욕을 주는 사람은 심리적으로 왜곡된 사람이고, 의도하지는 않았으나 타인에게 모욕을 주게 되는 사람은 성찰력이 부족한 사람입니다. 후자는 권력을 가진 사람이 자기 말의 영향력을 제대로 의식하지 못하는 상황에서 자주 일어납니다. 권력을 가진 사람이 자신의 말과 행동이 상대방에게 어떤 영향력을 가지는지를 제대로 살피지 않고 말하면, 의도가 없더라도 결과적으로는 모욕감을 안기거나 '갑질'을 하는 것이 될 수 있습니다. 어른 노릇 하기가 어렵다는 것은 이런 측면에서입니다. 힘을 가진 사람이 말의 영향력을 충분히 의식하지 않고 말하면 그 말을 듣는 사람에게 부담을 주게 됩니다.

의도적으로 모욕을 주려는 사람은 만나지 않는 방향으로 해결책을 모색해야 합니다. 안 만나고 살 수 있는 사람이라면 아예 안 만나는 게 좋습니다. 그런데 만날 수밖에 없는 사람이고 당분간은 만나는 것을 피할 수 없다면 스트레스를 줄이는 방향으로 프레임을 바꾸어야 합니다.

'내가 이렇게 말하면 넌 어떻게 말할래?'
'음 너는 이런 말에 이렇게 반응하는구나.'

약간은 게임하듯, 상대의 행동을 관찰해보세요. 이렇게 하면 상대방의 행동 패턴을 파악할 수 있게 되어서 내가 어떤 말로 그리고 어떤 마음의 태도로 그 사람을 대해야 하는가를 판단할 수 있게 됩니다. 살다 보면 언젠가는 이런 사람들을 만나게 되어 있으니 그런 사람들로부터 나를 보호하고 경계를 설정하는 방법을 체득해두는 것도 좋을 것입니다.

이들은 심리적으로 왜곡되어 있기에 말려들지 않으면 의외로 내가 심리적 우위를 점할 수도 있습니다. 모욕감을 주려는 사람은 모욕감을 주려는 목적이 있기에 내가 거기에 부응하지 않으면 더 화가 납니다. 그렇게 되면 오히려 주도권은 나에게로 넘어옵니다. 그 사람은 나에게 바라는 것이 있지만 나는 그에게 바라는 것이 없기 때문입니다. 나는 그 사람의 의도를 실현해주지 않음으로써 그를 곤경에 빠뜨릴 수 있습니다.

이런 측면도 생각해볼까요? 상대의 잘못인데도 내가 기분이 나쁜 이유 가운데는 '저 사람에게 모욕이나 당하고 있는 내가 한심하다'라는 느낌이 개입하는 탓도 있습니다. 우리는 어느 누구도 모욕하기 어려운 힘 있는 사람이 되고 싶어 하지요. 이는 아주 어려운 일임에도, 자기 자신이 그런 힘 있는 사람이 아니라는 이유로 스스로를 질책하곤 합니다. 이런 식으로 자기 자신을 자주 질책하는 사람은 사실 그만큼 자기 자신이 힘 있는 사람이기를 기대하는 것입니다. 그리고 자칫하면 자신이 그런 힘이 있을 때 힘을 행사하려는 사람이 될 수도 있으니 주의해야 합니다. 힘을 지향하지 않으면 이 프레임에서 벗어날 수 있습니다. 모욕을 주는 사람과 내가 동일한 프레임에 있지 않으면 그의 공격은 나에게 무의미해집니다.

직장에서 나이가 한참 어린 후배 직원이 너무 자기만 옳다는 식으로 말하고 옆사람들을 무시하는 상황을 가정해볼까요? 이 경우 '내가 그렇게 새파랗게 어린 후배 때문에 이런 어려움을 느끼다니'라는 프레임으로 이 문제를 보는 경우와 '저 사람은 어쩌다 저렇게 사회성 없는 방식으로 성장했을까, 그래봐야 자기도 외로울 텐데'라는 프레임으로 이 문제를 보는 경우는 태도가 많이 다를 것입니다. 동일한 문제여도 어떤 프레임으로 보느냐에 따라 문제를 해결해가는 방식이 달라집니다.

보통 인간관계에서는 '그 사람이 나쁘다'와 '그 사람은 그런 한계를 가지고 있다'라는 두 가지 방향으로 생각을 이끌어갈 수 있지요. 대체로 인간의 한계를 인정하는 프레임으로 보는 편이 인간관계를 풀어나가기가 쉽습니다. 그리고 실제로 나쁜 사람일 경우보다는 한계가 있는 사람일 경우가 훨씬 더 많지요. 분명한 것은 '그 사람이 나쁘다'라는 프레임으로 볼 때 내가 더 화나고 소통하기도 어려워진다는 것입니다. '그 사람도 일부러 그런 게 아니라 어쩌다 보니 그랬을 것이다, 내가 내 입장을 잘 설명하면 소통이 될 것이다'라는 마음으로 대화해야 소통이 됩니다. 마음속으로 '나쁜 인간!'이라고 외치면서 소통에 임하면 당연히 실패로 돌아가게 되지요. 물론 나쁘다고 판단해야 할 정도의 사람을 '한계가 있다'라고 판단해서 문제가 생길 수도 있습니다. 이는 삶의 경험을 통해 구분하는 법을 체득해나가야 할 것입니다.

　그러기 위해서는 자신의 프레임이 어떤 프레임인지 의식해보는 것, 그리고 자신의 프레임을 넘어서는 사고 실험을 해보는 것이 좋습니다. 타인과 대화를 해보면서 나의 프레임과 다른 사람의 프레임의 차이점을 느껴보아야 합니다. **동일한 문제를 나와는 다른 시선으로 보는 사람들의 의견을 들어보면서 내 프레임의 특징을 의식하고 그것을 넘어서는 경험을 자꾸 해보아야만 인식의 상대화, 입장 전환을 할 수 있게 됩니다.** 내 프레임이 절대적으로 옳다는 생각에 빠져 있으면 다른 사람과 소통하기 어렵습니다. 자신의 좁은 우물로만 세상을 보기 때문에 다른 사람들을 이해하기 어려워져서 본인 자신의 행복감도 떨어지기 쉽지요. 그래서 프레임을 의식적으로 바꾸어 생각해보고 또 자신의 프레임을 넘어서려고 노력하는 것이 중요합니다.

나를 힘들게 하는 생각
진단 및 처방

✦ **이런 생각을 하고 계신가요?**

• 왜 나에게만 이런 일이 일어나지?

• 나에게 선입견과 편견 같은 건 없어.

• 다른 사람들이 생각하는 대로 생각하는 게 편해.

• 생각을 바꾸는 것은 창피한 일이야.

• 나는 말과 행동이 일관된 사람이야.

• 나와 생각이 다른 사람을 만나는 것은 피곤한 일이야.

• 나를 비판하는 사람은 내 친구가 될 수 없어.

• 나를 비판하는 사람들은 이상한 사람들이야.

• 자기기만에 빠진 인간들 때문에 못살겠네.

✦ **이런 생각 대신 다음과 같은 생각을 하면 좋습니다.**

• 내 생각에는 한계가 있을 거야. 의식하지 못하는 선입견과 편견을 가지고
  있겠지.

• 내가 지금 맞다고 알고 있는 것도 언제든 틀린 것으로 드러날 수 있지.

• 내 생각은 늘 나를 정당화하는 방향으로 흘러가게 돼 있어.

• 나는 나의 잘못을 제대로 보지 못해.

- 내가 나 자신에게 적용하는 기준과 타인에게 적용하는 기준이 다른 때가 제법 있지.
- 나는 왜 이게 맞다고/틀리다고 생각하는 거지?
- 나는 지금 믿을 만한 이유가 있어서 믿는 걸까, 아니면 믿고 싶어서 믿는 걸까?
- 나는 더 나은 근거가 나타났을 때 그 근거에 기반하여 결론을 바꿀 수 있나?
- 내가 무엇을 몰랐는지를 알게 되는 것은 좋은 일이야.
- 나의 비논리를 의식한 적이 없다면 내게 비판적 사고력이 부족하다는 뜻이야.
- 내 말과 행동이 달랐던 것을 깨달은 적이 없다면 나는 생각이 발전하지 않는 사람이야.
- 지금 내가 정확히 원하는 것은 무엇일까?
- 지금 내가 하는 생각이 상황을 개선하는 데 도움이 되나?
- 지금의 내 행동 패턴을 유지할 경우 내가 원하는 결과가 나올까?
- 나와 갈등을 빚고 있는 상대방의 입장을 내가 다른 사람에게 말로 설명할 수 있을까? 동의하든 동의하지 않든 그 사람의 입장을 설명할 수는 있어야 해.
- 내가 바꿀 수 있는 것과 바꿀 수 없는 것을 잘 구분해야 해.
- 내 힘으로 바꿀 수 없는 것에 대해서는 염려하지 말자.
- 내 생각이 곧 나는 아니야. 내 생각을 비판한다고 나를 비판하는 건 아니지.

2부

심화편

삶을 변화시키는
생각 훈련

2부에서는 1부에서 살펴본
잘못된 생각의 습관들을
철학적 사고를 통해 바로잡는
훈련을 해볼 거예요.

내 눈에 보이지 않는
내 인식의 사각지대가 존재하는 것을
알아가면서, 문제를 쪼개어 생각하면서,
현재 내 생각이 이성적인 것인지 소망에 의한
것인지를 구분하면서 점점 더 합리적으로
판단할 수 있게 됩니다.

지금부터 1차적 인식,
감정, 고정관념에
휩쓸리지 않는 방법을
알아보겠습니다.

인식의 사각지대
줄이기

내가 놓치고 있는 것을
점검하자

철학에 입문한 지 30년이 되었습니다. 철학에 입문하기 전부터 늘 궁금했지요. '왜 이렇게 한 입 가지고 두말하는 사람이 많은가' 하는 점이 말이에요. 자신이 얼마나 비일관적인지를 아는 사람은 매우 드물었습니다. 사람들은 남의 잘못을 보는 데는 유능한데 자기 잘못을 보는 데는 무능했습니다. 자기 잘못은 보지 못하니까 없다고 생각하는 채로 남의 잘못에만 관심을 두는 사람이 많았지요. '남의 잘못을 볼 시간에 자기 잘못을 보면 갈등을 하지 않을 텐데 왜들 그렇게 자기 잘못은 보지 않고 남의 잘못만 볼까?' 하는 생각이 들었습니다.

그런데 사실 이 의문은 '나는 내 잘못을 잘 본다'는 전제하에 생긴 것이지요. 철학을 15년쯤 하고 나니 그제야 저 역시 얼마나 저 자신의 잘못을 못 보는 사람인지 알게 됐습니다. 그동안 남들만 한 입 가지고 두말하는 줄 알았는데 알고 보니 저도 꽤 한 입 가지고 두말하는 사람이었던 것이죠. 세상에나!

자신의 자기정당화를 완전히 의식하는 사람은 없습니다. '내가 너무 이중잣대에 한 입으로 두말하는 사람이라 괴로워' 하는 사람은 본 적 없을 것입니다. 직장 상사가, 배우자가, 친구가 그래서 속이 터진다는 사람은 많아도 말입니다. 모두들 남들의 이중잣대나 합리화, 시쳇말로 '내로남불' 때문에 죽겠다고 하죠. 어떻게들 그렇게 자기는 되고 남은 안 되는지 기절할 노릇이라고 말입니다.

그런데 이런 식의 합리화를 전혀 안 하는 사람이 있을까요? 아마도 없을 것입니다. 만약에 누군가가 "나는 한 입 가지고 두말하지 않아요!"라고 큰소리를 치면 우리는 본능적으로 그 사람을 피하고 싶어지지요. 그렇게까지 자신한다는 것은 그만큼 자신이 한 입 가지고 두말하는 측면을 보지 못한다는 소리임을 알기 때문입니다. 자기정당화를 하지 않는 사람은 없습니다. 적게 하려고 노력하는 사람과 그런 노력을 하지 않는 사람이 있을 뿐이지요.

아들이 설거지하면 미워 보이는데 사위가 설거지하면 예뻐 보인다고 합니다. 이 경우 '내 자식과 남의 자식이 같을 수 없다, 팔이 안으로 굽는 것은 당연하다'라는 식으로 자기정당화를 하는 경우와 '내가 남의 아들이 설거지하는 것은 예쁘게 보면서도 내 아들이 설거지하는 것은 밉게 보는구나'를 의식하는 경우는 매우 다를 것

입니다. 후자의 경우에는 자신의 편향성을 의식하고 있기에 며느리를 대하는 태도가 더 조심스러워지겠지요. 자신의 이중잣대를 볼 줄 아는 사람이 있고 그렇지 않은 사람이 있습니다. 자신의 이중잣대를 보지 못하는 사람은 타인의 이중잣대를 맘놓고 비난합니다. 타인의 이중잣대를 보면서 비난하느냐, 그걸 타산지석으로 삼아 반성하느냐는 차이가 큽니다.

인식의 사각지대를 일부러 인식하기

별로 객관적이지 않아 보이는 사람이 자신은 객관적인 사람이라고 장담하듯 말하는 것을 본 적이 있을 것입니다. 사실 '객관'이라는 단어를 쉽게 사용하는 사람은 이 단어의 무게를 모르는 사람입니다. 객관이라는 것이 얼마나 실현하기 어려운 것인지를 알면 감히 스스로 객관적이라고 나설 수 없지요. 오히려 객관적이려고 노력하는 사람이 자주 하는 말은 이런 것입니다. "객관적으로 보려고 노력은 하는데 스스로 객관적이라고 착각하기가 쉬우니까 늘 조심해야 한다는 생각만 들어." 내가 어느 때 객관적이지 못한지를 스스로 알기는 어렵다는 생각이 바로 **인식의 사각지대를 의식하는 것**입니다.

내 인식의 사각지대를 알기란 이렇게 어려우니, 혹시 누군가와 문제가 있다면 그 사람에게 내가 이상해 보일 수 있는 측면이 무엇인지 곰곰이 생각해보는 것이 좋습니다. 상대가 나에게 이상해 보이는 면은 일부러 생각하지 않아도 저절로 줄줄 생각납니다. 생각을 멈추기가 어려울 정도로요. 그러나 내가 이상한 면은 일부러 노력해도 떠올리기 어렵습니다. 그래서 더욱더 일부러 인식의 사각지대를 인식하려 노력해야 하지요.

주변에 일관성 없는 사람을 한번 떠올려볼까요? 그 사람은 자신이 남들에게 일관성 없는 사람으로 여겨진다는 사실을 알고 있나요? 만약 그 사람에게 "당신은 일관성이 없는 편이에요"라고 말하면 그 사람은 뭐라고 말할까요? "나만큼만 있으라고 해!"라고 대답할지도 모릅니다. 일관성이 없다는 것은 주변 사람들은 알게 되지만 당사자는 모르기 마련입니다.

나 자신이 일관성을 유지하지 못한다는 사실을 알기 어려운 이유는 우리가 '일부러' 일관성을 어기는 것이 아니기 때문입니다. 물론 가끔은 스스로 의식하면서도 자신의 이익을 위해 일관성을 어기는 경우가 있기는 할 거예요. 그런 경우 인간은 가짜 일관성을 부여해 합리화할 정도로 일관성을 지키지 못하는 것을 창피해합니다.

인식의 사각지대를 최소화하는 출발점은 인식의 사각지대가 있음을 인식하는 것입니다. 그 사각지대를 의식해야 그곳을 밝히겠다는 생각을 할 수 있겠지요. 인식의 사각지대를 최소화하는 방법은 어떤 문제를 접하든 '지금 내가 놓치고 있는 게 뭘까?'라는 질문을 해보는 것입니다. 타인과 갈등할 때 '지금 내가 놓치고 있는 게 뭘까?'라는 질문을 해보면 '내 잘못'이라는 답이 나오게 됩니다. 그럼 그다음에는 '그럼 내가 못 보고 있는 내 잘못은 뭐지?'라는 질문이 나올 수 있겠지요. 우리의 이성은 그런 질문들을 토대로 활동합니다. 그래서 이런 질문을 해보는 것 자체가 중요합니다.

다른 사람을 이해하고 싶을 때 '그 사람이 그렇게 행동하는 데는 내가 모르는 이유가 있겠지'라고 생각하려 노력하는 것이 도움이 됩니다. 타인이 나에게 완전히 이해되기를 기대하는 것은 나 자신에게나 상대방에게나 폭력적인 일입니다. 인간에게는 인식의 사각지대가 있을 수밖에 없음을 인정하고 그것을 줄이려 노력하되 그 노력이 늘 온전한 성과를 거둘 수는 없다는 것, 즉 내가 타인을 이해하는 일에서나 나 자신의 과오를 살피는 데서 종종 실패할 수도 있다는 가능성을 늘 인식해야 합니다.

필요한 질문

✦ 지금 이 문제에서 내가 놓치기 쉬운 게 무엇인가?

✦ 내가 못 보고 있는 내 잘못은 무엇인가?

현명한 생각의
출발점

근거에 입각해 생각하자

우리 모두는 생각을 잘하고 싶어 합니다. 두고두고 후회할 일을 만들지 않을 수 있도록 현명한 판단을 하기를 바라지요.《왜 비판적으로 생각해야 하는가?》에서 저자들은 사고의 질이 삶의 질을 결정한다고 말합니다. 생각을 잘하면 인생을 잘 살 수 있다는 것이지요. 그만큼 생각의 힘은 셉니다.

그렇다면 생각은 어떻게 하면 잘할 수 있을까요? 그 출발점은 "왜?"라고 질문하는 것입니다. "왜?"라고 물으면 인간의 뇌는 움직이게 되어 있습니다. 그러다 보면 점점 더 "왜?"를 상세히 묻게 됩니다. 모든 것에 대해 왜냐고 묻고 그에 대해 체계적으로 답변하려 노력해온 과정이 바로 학문의 역사입니다.

처음에는 "왜?"라는 질문에 체계적으로 답하려는 시도를 철학이라고 불렀습니다. 철학의 어원이 된 그리스어 단어 필로소피아 philosophia는 '지혜에 대한 사랑'이라는 의미입니다. 그러다 "왜?" 를 묻는 대상에 따라 학문의 명칭이 결정되었죠. 생명에 대해 묻고 답하려 하는 학문은 생물학, 사물에 대해 묻고 답하려 하는 학문은 물리학…… 하는 식으로 말입니다. 학문의 발전에 따라 생물학은 의학, 동물학, 식물학, 미생물학, 유전공학 등으로 분화되어 뻗어 나갔지요.

모든 것에 대해서 왜를 물으면 우리가 지나친 일상의 일에도 이유가 있음을 알게 됩니다. 초등학교에서는 아이들의 작은 몸이 혹시 창문으로 빠질까 봐 열리는 창을 작게 만들거나 덜 열리게 해두었지요. 욕실의 배수구 부분은 약간 기울어져 있어 물이 잘 흘러가 빠지고요. 우리가 의식하지 못하지만 이 세상의 것들이 지금의 방식으로 된 데에는 이유가 있습니다. 그런 형태여야 안전하다든가, 효율적이라든가 하는 식으로 말입니다. 평소 사물을 보면서도 "왜?"를 자꾸 묻다 보면 이유를 파악하는 힘이 좋아지고, 세상을 점점 더 원리적으로 인식할 수 있게 됩니다. 한마디로 세상의 이치를 잘 파악하게 되는 것이지요.

"왜?"라는 질문은 매우 많은 것을 알게 해줍니다. 무엇보다 생각을 자극하는 매우 유용한 질문이지요. 이해하기 힘든 누군가를 이해하기 위해서도 "왜?"라는 질문을 포기하지 않는 것이 필요합니다. 인간관계에서 언뜻 이해가 안 가더라도 함부로 넘겨짚지 않고 "그 사람은 왜 그럴까?"라는 질문을 놓지 않으면 나오는 다른 그 사람의 상황, 심리적 특징, 생각 패턴 등을 파악할 가능성이 열리게 됩니다.

당신의 뇌를 믿어라

'단순히 묻는다고 해서 좋은 답을 얻을 수 있을까?' 혹시 이런 의구심이 든다면 여러분의 뇌를 믿으시라고 말씀드리고 싶습니다. 뇌는 여러분의 생각보다 능력이 뛰어납니다. 뇌의 신피질에는 쌀알만 한 크기의 피질기둥이 15만 개나 있는데 이 피질기둥 하나에는 10만 개의 신경세포가 있고 시냅스(신경세포의 접합부)는 5억 개나 됩니다. 우리의 뇌는 엄청난 역량을 발휘할 수 있고, 몸의 근육을 키울 수 있듯이 생각의 근육도 키울 수 있습니다. 처음부터 좋은 대답을 얻지는 못하더라도 노력에 따라 점점 더 적절한 대답을 얻을 수 있게 됩니다.

왜냐고 묻는 것은 인과관계를 파악하기 위해서입니다. 원인과 결과를 파악하면 자신이 원하는 결과를 얻는 데 필요한 선택을 할 수 있게 됩니다. 내가 원하는 결과를 얻기 위해서 어떤 요소(원인)를 투입해야 하는지를 잘 파악할 수 있지요. 또한 원인이 한 가지인 경우는 드물기 때문에, '왜?'라는 질문으로 복합적인 원인을 파악하는 능력을 키워야 합니다.

어떤 일이 발생했을 때 그 일이 발생한 이유를 잘못 판단하면 그 문제를 제대로 해결하기 어렵겠지요? 한 가지 예를 들어볼까요? 예비신랑은 아이를 원하지 않고 예비신부는 아이를 원하는 상황입니다. 이럴 때 예비신부는 이 상황을 여러 가지로 해석할 수 있을 거예요. 만약 신랑감이 아이를 원하지 않는 이유를 자신과의 결혼에 책임을 지기 싫어서라고 판단하거나, 아이 없이 자유롭고 편한 삶을 바라서라고 판단하면 어떨까요? 아마도 결혼을 재고하게 되겠지요. 그런데 알고 보니 예비신랑에게 부모와의 관계로 인한 트라우마가 있고, 자신이 아이에게 좋은 부모가 될 수 없으리라는 불안감 때문에 아이를 낳지 않겠다 했던 거라면 예비신부는 그 트라우마를 돌보는 방향으로 대화하면서 다른 선택을 할 수 있게 될 것입니다.

인류의 역사는 근거와 결론의 관계를 제대로 밝히려 노력해온 역사라고도 할 수 있을 것입니다. 아주 오랫동안 산모들에게 출산은 죽음을 각오해야 하는 일이었으나, 원인을 알 수 없던 출산 후의 감염증, 즉 산욕열이 실은 의사의 감염된 손이나 소독하지 않은 의료기구 때문에 발생하는 것임이 밝혀지고 나서는 출산 후 사망률을 크게 떨어뜨릴 수 있었지요. 의료진들이 부지런히 손을 씻고 의료기구를 소독하는 것만으로요. 비위생적인 환경이라는 원인과 산욕열이라는 결과의 관계가 제대로 밝혀졌기에, '손을 씻는다'라는 해결책을 쉽게 찾을 수 있었지요.

심화편 | 삶을 변화시키는 생각 훈련

우리는 이렇게 원인과 결과의 관계를 점점 더 정밀히 밝혀왔습니다. 논리적으로 생각하는 방법도 이미 알고 있습니다. 근거를 가지고 더 나은 판단을 위해 노력하는 것이지요. 어떤 판단을 할 때 근거에 기반하지 않고 결정을 하는 경우, 판단의 결과로 인해 시행착오를 겪어도 이를 수정하기가 어렵습니다. 무엇이 어디서 어떻게 잘못된 것인지를 알아야 잘못을 고칠 터인데 잘못된 이유를 모르니 잘못을 자꾸 다시 범하게 되지요. 근거를 가지고 생각한 경우에는 그 근거가 합당하지 않았던 이유를 파악해, 다음에는 보다 현실적인 근거를 가지고 판단할 수 있게 됩니다.

근거에 기반해 판단하지 않는 사람은 나와 다른 생각을 가진 사람을 싫어합니다. 그 정도의 합리성이 없기에 '내 생각과 같은 생각을 하는 사람은 좋은 사람, 내 생각과 다른 생각을 하는 사람은 나쁜 사람'이라는 식으로 감정적으로 생각을 이끌어가지요. 그러면서도 그런 자기 자신에게서 문제를 느끼지 못합니다. 이성을 활성화하려는 노력, 뇌를 작동하려는 노력을 하지 않는 사람들은 그저 편리한 대로 '되어가는 생각'에 자신을 내맡깁니다. 자신이 얼마나 비합리적인지를 의식하지 못하는 것은 물론입니다. **나와 다른 생각에 대해서 '나쁘다'고 감정적으로 판단하지 말고 근거를 가지고 검토해야 내 생각의 우물이 넓어지고 점점 더 판단을 잘할 수 있게 됩니다.**

소크라테스의 산파술

인간의 뇌는 "왜?"라는 질문을 하면 움직인다고 말씀드렸지요. 아이의 두뇌를 발달시키려면 부모가 "왜?"라고 물어야 한다는 것은 심리학의 상식이 됐습니다. "왜?"라는 질문을 받으면 아이는 생각을 하게 됩니다. 아이가 생각을 잘하도록 도와주려면 답을 미리 제시하는 것이 아니라 생각을 자극하는 방향으로 질문을 던져야 합니다.

다음은 제 경험담입니다. 우리 아이가 초등학교 4학년 때 식사 시간에 틀어놓은 뉴스를 보다가 '직불금'이 뭐냐고 물은 적이 있습니다. 저는 비판적 사고에 대해 오래 강의해온 철학 연구자입니다. 저는 직접적으로 대답하는 대신 다음과 같은 질문을 던졌습니다.

엄마: 미국 땅이 넓어, 우리나라 땅이 넓어?

아이: 미국 땅이 넓어.

엄마: 그래. 땅이 엄청 넓어서 미국은 쌀이 남아돌아. 인구밀도 배웠지? 미국 인구밀도랑 우리나라 인구밀도랑 어디가 높아?

아이: 우리나라가 높아.

엄마: 그럼 우리나라 쌀값이랑 미국 쌀값이랑 어디가 쌀까? 미국은 땅은 넓은데 먹을 사람은 적으니 말이야.

아이: 미국.

심화편 | 삶을 변화시키는 생각 훈련

엄마: 그래서 지금 미국 쌀값이 싸니까 우리가 농사를 안 짓고 미국 쌀만 수입해서 먹는다고 치자. 그럼 네가 미국 곡물상이야. 한국에서는 쌀이 생산되지 않아. 그러면 너는 쌀값을 예전처럼 받겠어?

아이: 올리겠지.

엄마: 쌀값이 비싸지면 어떻게 될까?

아이: 쌀은 꼭 먹어야 하는 건데 비싸지니까 살림살이가 어려워져.

엄마: 이런 걸 종합해봤을 때 우리 손으로 농사를 지어야겠지?

아이: 응.

엄마: 그래서 우리나라 정부가 농민들이 계속 농사를 지을 수 있도록 일정 금액을 보조해주는 거야. 그렇게 도와주는 돈을 직불금이라고 해.

아이: 그렇구나!

이렇게 생각을 자극하는 방식으로 질문하는 것을 **소크라테스의 산파술**이라고 합니다. 소크라테스가 사용했던 방법이며, 좋은 생각을 낳도록 유도하는 것이기에 '산파술'이라고 합니다. 질문을 이해할 능력이 있으면 이런 식으로 질문을 던졌을 때 인간은 생각을 해냅니다. 인간에게는 그런 힘이 있습니다.

철학자 칼 야스퍼스는 "모든 어린이는 철학자다"라는 말을 한 바 있습니다. 모든 인간은 이성적으로 사고할 능력을 타고난 존재라는 것이죠. 이성을 가진 존재인 인간은 자신의 이성을 활성화할 때 자신의 존재에 대해 긍정적인 느낌을 받게 됩니다. 이렇게 아이의 이성을 활성화하는 방식으로 자극하는 것은 아이의 자존감을 위해서도 좋은 일입니다.

사업가의 판단

A, B, C, D의 네 가지 사업 아이템 중 하나를 택해야 하는 상황입니다. 이 경우 어느 것을 선택해야 좋은 결과가 나올 것인가를 예측하는 능력이 바로 **판단력**입니다. A, B, C, D 사업 아이템이 잘될 가능성과 잘되지 않을 가능성을 각각 고려하되, 각각의 이유가 얼마나 현실적인지도 잘 파악해야 합니다. 그러니까 사업에 관련된 변수가 무엇인지도 잘 파악해야 하고 그 변수가 실제로 사업에 어느 정도의 영향을 끼칠지도 판단해야 하는 것입니다. 사실 현실의 수많은 변수들을 생각만으로 예측하거나 통제할 수는 없습니다. 이럴 때 바로 경험이 빛을 발합니다.

경험이 중요하다는 것은 모두들 들어 알지만, 대체 경험은 '왜' 중요한 걸까요? 경험이 바로 우리에게 어떻게 하면 되는지 그리고 어떻게 하면 안 되는지를 알려주기 때문입니다. 예를 들어 우리는 'A를 했을 때 C라는 결과가 나왔다' 'B를 했을 때 C라는 결과가 나오지 않았다'를 경험을 통해 알게 됩니다. 그것으로 우리는 근거와 결론의 관계를 확인할 수 있게 되지요.

이 경험의 효과를 배가해주는 것이 바로 생각의 힘입니다. 왜 A를 투입했을 때 C라는 결과가 나오는지, A만이 C와 관련이 있는지 아니면 C를 불러오는 다른 더 좋은 요인이 있는지, A의 어떤 특성이 C를 초래하는지, B의 어떤 특성이 C가 나오지 않게 하는지를 파악해두었다면 남들보다 시행착오를 덜 겪을 수 있겠지요. 이것은 모두 "왜?"라는 질문을 던짐으로써 가능한 일입니다. 근거를 가지고 생각하는 습관으로 우리는 시행착오를 줄일 수 있고 좋은 아이디어를 떠올리는 능력도 향상시킬 수 있습니다. 사실 이것이 '머리가 좋다'고 여겨지는 사람들의 머릿속에서 일어나는 일이고 여러분의 머릿속에서도 자주 일어나는 일입니다.

필요한 질문

✦ 이렇게 생각할 수 있는 근거는 무엇인가?

✦ 이 근거와 결론이 타당하게 연결되는가?

경험의 효과를
두 배로 만드는
생각의 힘

분석적으로 생각하자

생각을 잘하려면 "왜?"를 체계적으로 물을 줄 알아야 한다고 했습니다. 그런데 어떻게 하는 것이 '체계적'이고 '분석적'인 걸까요? 체계적으로 묻기 위해서는 여러 가지 경우의 수로 나누어 볼 줄 알아야 합니다. 자신이 무엇을 하고자 할 때 그것이 잘될 가능성과 잘 안 될 가능성을 여러 가지로 파악할 줄 아는 능력이 중요하다는 것도 이미 언급했습니다. 이렇게 나누어 생각하는 힘이 있어야 잘되게 하는 방법을 강구할 수도 있고 방해 요인도 미리 제거할 수 있습니다.

백돌 쥔 사람은 백돌 중심으로 바둑판을 보고, 흑돌 쥔 사람은 흑돌 중심으로 바둑판을 봅니다. 수가 낮은 사람일수록 자기중심적으로만 바둑판을 보느라 상대방이 자기 돌을 따내면 '어 언제 이렇게 된 거지?' 하고 어리둥절하게 되지요. 마찬가지로 이익이 걸려 있으면 우리의 관심은 그 방향으로 갑니다.

이면을 고려하기

자신이 어쩔 수 없이 팔이 안으로 굽는 방식으로, 즉 나 자신에게 유리한 방식으로 생각할 수밖에 없음을 인정하는 것이 필요합니다. 자신이 객관적으로 볼 수 없다는 것을 인정해야, 즉 흑돌을 쥐고 있으면 흑돌 중심으로 보게 되고 백돌을 쥐고 있으면 백돌 중심으로 보게 된다는 것을 인정해야 보다 객관적으로 볼 수 있는 눈이 열립니다.

바둑에는 '훈수 두는 사람은 세 배를 본다'라는 말이 있습니다. 이익에 대한 관심에서 자유로워야 객관적으로 볼 수 있다는 의미입니다. 저는 바둑을 잘 둘 줄 모르는데 7급 정도 되는 사람 둘이 두는 것을 지켜보다가 당사자들도 보지 못하는 수를 본 적이 있습니다. 저는 이익에서 자유로운 마음으로 보았기에 저보다 바둑을 잘 두는 사람도 보지 못한 수를 볼 수 있었던 것이죠. 흑돌을 쥔 입장에서는 백돌이 어떻게 나올지를 잘 예측하기 위해 백돌 중심으로 바둑판을 보고자 하지만 이것이 원활하지는 않습니다. 노력해서 점점 더 백돌의 입장에서 볼 줄 알게 되는 것이 실력이겠죠.

바둑판 위에서 백돌과 흑돌, 두 가지 입장을 동시에 고려하는 것도 어려운데 실제 세상살이는 더하겠지요. 그래서 여러 경우의 수를 파악하는 능력이 중요합니다. 경우의 수를 나누어서 생각하다 보면 불완전하게나마 상대방의 입장과 내 입장을 모두 고려할 수 있게 됩니다. 한마디로 역지사지, 즉 그 사람의 입장과 내 입장을 나누어서 '내 눈에는 그 사람이 이렇게 보이는데 그 사람에게는 내가 저렇게 보이는구나'를 인식하는 것입니다. 가능한 경우의 수가 몇인지를 파악하면 그 각각의 입장에서 생각해보는 힘도 좋아질 수밖에 없겠지요?

부모님 눈에 아이가 너무 게을러 보이는 경우가 있다고 해보죠. 이때 아이 입장에서는 어떨까요? 부모님이 너무 채근하는 것으로 보이겠지요? 부모님 눈에는 아이가 해야 할 공부를 안 하는 것처럼 보이지만 아이 입장에서는 부모님이 공부밖에 관심 없고 잠시 쉬는 것도 용납하지 못하는 것으로 느껴질 수 있습니다. 부모님 입장에서는 세상을 살아봐서 알기 때문에 해주는 도움말도 아이 입장에서는 당장 자신을 불편하게 하는 듣기 싫은 잔소리일 수 있지요. 팀장 입장에서는 팀원이 해 온 일이 치밀하지 못한 것이지만 팀원 입장에서는 팀장님이 지나치게 꼼꼼한 것일 수 있는 것처럼요.

인간관계를 잘하고 싶다면 어떤 일이든 이것이 상대방에게 어떤 의미로 다가갈지 생각해보는 습관을 들이는 것이 좋습니다. 상대방의 입장에서 생각하면 1차적으로 보이는 것 너머의 이면을 볼 수 있게 되지요.

예를 들어서 생각해보죠. 섬에서 육지와 연결될 다리를 놓느냐 마느냐를 결정할 때, 다리를 놓았을 때 얻을 수 있는 이득만 생각하고 다리로 인해 생길 수 있는 문제를 검토하지 않으면 그에 대한 대비책도 마련하지 못하게 됩니다. 문제 상황의 대비책이 없다면 다리가 놓였을 때의 이점도 충분히 누리지 못하게 될 가능성이 높지요. 판단력이 좋은 사람은 일이 가장 안 풀릴 가능성까지 고려하여 선택합니다. 이 선택으로 인해 내가 손해를 본다면 어디까지 감수할 수 있는가, 그런 위험 부담을 지면서까지 이 선택을 할 것인가를 고려하는 이의 판단은 신중할 수밖에 없습니다.

어떤 것을 선택했다는 것은 사실 다른 것을 포기했다는 의미이지요. 예를 들어 누군가와 결혼을 한다는 것은 결혼의 안정을 선택하고 독신의 자유를 포기했다는 의미입니다. 그런데 결혼이 주는 안정을 누리며 행복해하기보다 포기된 독신의 자유에 계속 미련을 갖는다면 어떨까요? 결혼을 하고서도 가족과의 일들은 등한시하고 매일같이 취미생활이나 친구 관계에 빠져 있다면요? 우리는 자신의 성향까지 고려해서 선택의 장점과 단점을 살피고 인생의 중요한 결정들을 내려야 합니다. 그러지 않으면 자칫 인생을 후회의 연속으로 보내게 되지요. 이런 식의 잘못된 선택을 하는 사람을 두고 우리는 '현명하지 못하다'고 말합니다. 나의 상황, 성향, 내 선택으로 인해 포기해야 할 것, 단점까지 전부 고려해야 현명한 판단을 내릴 수 있습니다.

분석의 수준을 높이자

인간은 자기 편리한 대로, 생각하고 싶은 대로 생각하는 경향이 있지요. 누군가 주식이나 코인으로 돈을 크게 벌었다는 이야기 때문에 투자를 시작하는 분들이 많지요. 역으로 생각하면 그렇게 소문이 난다는 것은 크게 돈을 버는 경우가 드물다는 뜻이기도 할 텐데 말입니다. 크게 잘될 가능성은 부풀려지고 완전히 실패할 가능성은 은폐되기 마련입니다. 후자의 경우 당사자가 창피해서 말을 하지 않게 되기도 하고, 성공의 소식이 유독 인간의 욕망을 자극하기 때문이기도 합니다. 그래서 '성공했다'는 소식이 과대 대표됩니다. 실질적인 가능성에 비해 소문만 많이 나는 것입니다.

이런 식으로 인간은 자신이 원하는 경우에 대해서는 많이 생각하지만 원하지 않는 경우는 생각하길 싫어하지요. 이렇듯 1차적 인식에 지배되는 인간의 한계로 인해 자신의 선택에서 나쁜 결과가 나올 위험을 관리하기 어렵게 됩니다. 결과를 예측하는 능력이 좋을 때, 즉 어떤 결과를 가져오려면 어떤 원인을 투입해야 하는지를 잘 알고 결정을 내릴 때 보통 '판단력이 좋다'고 합니다. 업무와 관련해서는 관련 요인들을 통합해 어느 선택지를 택할 때 이익이 더 날지를 판단하는 능력이 되겠지요.

상품 출시가 임박한 기업의 상황을 예로 들어보겠습니다. 상품 A를 출시할 것인가, B를 출시할 것인가 결정해야 합니다. 이때 A

를 출시하기 위한 비용, A를 출시했을 때 얻을 수 있는 이익, B를 출시하는 데 따르는 비용, B를 출시했을 때 얻을 수 있는 이익을 모두 따져보아야 하지요. 즉 A의 이익률과 B의 이익률 중 어느 쪽이 더 클지를 따져서 결정을 내려야 합니다.

이와 관련된 SWOT 분석은 이제 회사원뿐 아니라 대학생들에게도 익숙한 기법이 되었지요. 강점strength, 약점weakness, 기회opportunity, 위기threat의 머리글자를 따서 SWOT이라고 합니다. 기업의 강점과 약점, 환경적 기회와 위기를 열거하여 효과적인 경영 전략을 수립하기 위한 분석 방법입니다. 강점과 기회SO, 강점과 위기ST, 약점과 기회WO, 약점과 위기WT 등으로 접근해 다양한 가능성을 포괄할 수 있고, 자칫 한쪽으로 치우쳐 생각하는 위험을 방지할 수 있습니다.

이 툴은 기업에만 유용한 것이 아닙니다. 개인의 결정에서도 'A의 장점은 뭐고 단점은 뭐지?' 'B의 장점은 뭐고 단점은 뭐지?'라고 질문하면 뇌가 이성적으로 작동합니다. 이런 식으로 질문을 하다 보면 점점 더 분석의 수준이 높아지게 됩니다. 요리 전문가들은 음식의 맛을 보면 간을 소금으로 한 건지, 간장으로 한 건지 알지요. 더 나아가 꽃소금을 썼는지 맛소금을 썼는지도 알아낼 만큼 혀의 감각이 예민합니다. 처음에는 소금인지 간장인지도 구분하지 못할 수도 있지만 훈련을 통해 어떤 소금인지 구분하는 데까지 이를 수 있습니다. 생각도 마찬가지입니다. 전체를 볼 줄 알아야 문

제를 제대로 풀어갈 수 있으니 내가 보고 싶은 측면만 보는 것이 아니라 다각도로 검토해서 전체를 보려고 노력해야 하고, 또 노력을 하다 보면 분석하는 수준도 높아지기 마련입니다.

분석의 수준이 높아진다는 것이 어떤 것인지를 사례로 설명해보겠습니다. 만약에 여러분이 이런 질문을 받으면 뭐라고 답하겠습니까? "아이에게 선행학습을 시켜야겠는데, 이게 맞는 건지 잘 모르겠다. 어쩌면 좋을까?" 어떤 의견인가가 머릿속에 떠오르기는 하겠지만 잔뜩 엉킨 것 같은 느낌도 들 거예요. 그런데 만약에 이렇게 생각해서 답변할 수 있다면 어떨까요?

"아이가 아직 어린데, 어린 시절의 자유시간을 충분히 즐기는 것의 장점도 있지 않을까? 물론 다들 일찍부터 시작하고 있으니까 그걸 보면 불안해지는 것도 알아. 그렇게 시작하지 않으면 우리 애만 뒤떨어질 것 같고. 하지만 사교육 마케팅들은 불안감을 이용하는 측면이 많고, 시기에 맞지 않는 교육은 효율성도 떨어지잖아. 만약 아이가 배워야 할 내용을 제 나이에 배운다면 한 시간만 들여서 배울 수 있는데 너무 일찍 배우는 경우 두 시간, 세 시간이 필요하다면 아이는 결과적으로 그 시간만큼을 잃는 것 아닐까 싶기도 해. 일찍 배워서 효과가 좋을 과목과 아닌 과목들을 아이의 성향과 함께 파악해서 아이와 함께 결정하는 게 어떨까? 무작정 다른 사람들이나 마케팅만 따르기보다는 말이야."

선행학습이 바람직하지 않은 이유의 여러 측면을 면밀하게 고려한 답변이지요. 만약 이러한 답변을 받는다면 "아이구 다들 하는 데는 이유가 있는 거야. 해야지!"라거나 "애들은 놀아야지! 무슨 선행학습이야?"라는 답변을 들었을 때보다 훨씬 논리적이고 여러 가지를 고려했다는 인상을 받을 것입니다.

물론 아무리 면밀하게 고려해도 현실의 모든 변수를 생각하고 결과를 정확히 예측하기는 어렵지만, 연습을 통해 자신에게 필요한 수준의 판단 능력을 갖추게 될 수 있습니다. 자신이 원하는 결과를 가져올 선택지가 무엇인지 판단하는 능력을 훈련으로 가질 수 있게 되는 것입니다. 적합한 질문을 던지고 경우를 나누어 생각해보려는 노력을 통해서 말입니다.

> **필요한 질문**
>
> ✦ 다른 가능성은 없는가?
>
> ✦ 이 문제를 어떻게 나누어 분석할 수 있는가?
>
> ✦ 분석한 결과를 어떻게 정리할 수 있는가?

확증편향에
휘말리지 않으려면

내가 틀릴 수 있음을
염두에 두자

어느 드라마 속 장면 이야기로 시작해보겠습니다. 어느 집 막내딸이 결혼을 하고 싶다고 말합니다. 그런데 상대 남자가 그 지역 사람이면 누구나 다 아는, 문제적인 아버지를 둔 사람이었지요. 막내딸의 선택이 영 못마땅한 어머니는 딸을 설득하다가 "네 언니에게는 보여봤니?" 하고 묻습니다. 맏언니는 빈틈없이 착실해서 누구나 다 그 판단을 인정해주는 사람, 즉 모두에게 인정받는 사람이었지요. 그런데 막내딸이 "언니도 괜찮대!" 하니까 어머니의 표정이 순간 일그러지더니 "너희가 알긴 뭘 아니?" 하고 무지르고 맙니다. 어머니는 맏딸의 판단을 믿지도 않을 거면서 왜 물어본 것일까요? 언니의 판단을 믿던 어머니가 갑자기 언니를 평가절하 하는 말을 한 이유는 다른 것이 아닙니다. 어머니는 "큰언니도 다시 생각해보라고 하기는 했어"라는 대답을 바랐던 것입니다. 그런데 자신이 원하는 대답이 나오지 않으니 맏딸의 판단을 깎아내린 거죠. 사실 어머니가 진심으로 큰딸이 뭘 모른다고 생각했다면 애초에 큰딸이 뭐라고 생각하는지 궁금해하지도 않았을 것입니다.

만약 막내딸이 "큰언니도 다시 생각해보라고 하기는 했어"라고, 어머니가 바라는 대답을 했다면 이렇게 말하지 않았을까요? "그것 봐라. 네 언니가 어디 보통 사람이니? 여태껏 잘못된 길로 간 적이 없는 사람이다. 언니가 한 말이나 행동 중에 문제되는 게 있었니? 그런 언니가 그렇게 말하고 엄마가 이렇게 반대하는 데에는 다 이유가 있는 거니까 네가 그만 생각을 접어라." 지금 어머니는 근거에 입각한 판단을 하는 것이 아니라, 거꾸로 자신의 결론을 지지할 근거를 찾고 있습니다. 그야말로 코에 걸면 코걸이, 귀에 걸면 귀걸이 식의 판단을 하고 있는 것이죠. **근거 자체의 참 거짓에 따라 근거를 신뢰할 것인가 말 것인가를 결정하는 것이 아니라, 자신이 원하는 결론을 지지하는 근거는 참이라고 하고 자신이 원하는 결론을 지지하지 않는 근거는 참이 아니라고 하는 태도입니다.**

어머니가 끼워맞추기식 사고가 아니라 논리적 사고를 했다면 "네 큰언니가 반대했을 거라고 생각했는데 그러지 않은 걸 보면 그 사람이 그렇게 문제가 많은 건 아닌가 보구나. 그래도 엄마는 내키지 않고 허락하고 싶지가 않다"라고 하지 않았을까요? 그런데 이렇게 자신의 속마음을 인정하는 일, 자신이 원하지 않는 결론을 수용하는 일은 어렵지요.

또 한 가지, 대부분의 사람들은 '그 사람은 싫다'라고 심리적인 표현을 하려 하지도 않습니다. 인간은 자신이 논리적이라고 여기고 싶어 하기 때문에, 이런 감정적인 표현을 꺼립니다. 그만큼 우리는 자신의 마음을 모르고, 자신의 비합리성을 인식하지도 못합니다. 생각으로나마 '나'를 넘어서는 경험을 해야 비합리성을 인식할 수 있게 되지요.

자녀들이 부모와의 대화를 싫어하는 이유

앞의 사례와 같은 경우는 드라마뿐만이 아니라, 우리 일상에서도 흔히 일어납니다. 부모님들이 이런 끼워맞추기식 사고를 할 때 자녀들은 부모와의 대화를 꺼릴 수밖에 없지요. 자녀들이 하는 얘기가 마음에 안 차면 '너희가 아직 어려서, 젊어서 뭘 모른다'며 무시하는 부모도 있습니다. 이는 부모님이 원하는 결론을 지지하지 않는 근거는 그것이 아무리 참이어도 근거로 받아들이지 않는 태도입니다.

끼워맞추기식 사고를 하는 사람들은 이렇게 근거를 맘대로 채택하기도 하고 무시하기도 하면서 정작 본인들은 스스로 논리적이라고 생각한다는 것이 문제입니다. 관련된 근거의 전체를 검토하는 것이 아니라 자신이 원하는 결론을 지지하는 근거에만 주목하고 있는데도 본인들은 근거에 입각해 생각한다고 착각하기 때문에, 자신이 어디서 비논리적이었는지를 파악하지 못합니다. **끼워맞추기식 사고는 전제로부터 결론을 추론해가는 것이 아니라 이미 마음속으로 결론을 내려놓고 그 결론이 나오도록 추론의 과정을 조작하는 것입니다.**

근거로부터 결론을 도출하는 태도를 가진 이는 고집을 부릴 가능성이 줄어듭니다. 근거가 참이 아니라는 것이 밝혀지면 그 판단을 고집할 이유가 없으니 판단의 결과에 따라 행동을 수정할 수 있지요. 이와는 반대로 결론을 고수하는 방식으로 자존심을 부리려는 경우는 내 말을 맞는다고 해줄 상황이나 조건만 찾게 됩니다. 사실 많은 경우 의식적으로 노력하지 않으면 이런 식으로 생각이 흐르기 마련이고 이것이 바로 무비판적 사고이지요.

위기 관리에
방해가 되는 사고

'회의 시간은 긴데 결론은 사장 마음대로 나는 회사'는 망하는 회사라고들 하지요. 결론이 사장 마음대로 난다는 것은 결론이 사장의 한계를 벗어나지 못한다는 뜻입니다. 회의는 여러 사람의 의견을 모아 좋은 결론을 얻기 위해서 하는 것이지요. 사장이 못 보는 조건과 상황을 다른 직원들이 얘기하고, 다른 직원이 못 보는 조건과 상황을 또 다른 직원들이 얘기하면서 참인 근거들만 모읍니다. 이 참인 근거들을 기반으로 신뢰할 만한 결론을 도출하고 그 결론을 실행에 옮기기로 결정하는 것이 회의죠. 이때의 결론은 사장 한 사람의 머리에서 나오는 것보다 훨씬 더 많은 조건과 상황을 확인해서 얻어낸 것입니다. 사장 개인의 인식 범위를 넘어서기 마련입니다.

회의 시간은 긴데 결론은 사장이나 팀장 마음대로 난다는 것은, 리더가 자기 마음에 맞는 주장에만 관심을 기울인다는 뜻입니다. 리더의 선택이 가진 위험성을 지적하는 직원의 말은 무시하고, 장점에 대해 말하는 직원의 말만 신뢰하는 것입니다. 이런 일이 반복되면 회사는 위기 관리에 실패하게 됩니다. 이런 리더의 경우 직원이 아무리 회사를 발전시킬 좋은 아이디어를 내놓아도 그 아이디어를 제대로 검토하지 못합니다. 그에게는 그 아이디어가 자기 마음에 드느냐 안 드느냐만 중요하기 때문입니다. 이런 경우가 확증편향에 해당합니다. **확증편향은 결론을 정해놓고 결론에 맞는 근거에만 주목하면서 결론이 맞다고 생각하는 것입니다.**

리더는 어떤 말에 귀를 기울여야 할까요? 합리적인 근거가 있는 생각에 귀를 기울여야 합니다. 그 말을 누가 했는가와 상관없이, 그 말이 자신의 마음에 드는지 안 드는지와 상관없이 합리적인 근거가 있는 생각에 귀를 기울여야 합니다. 물론 믿고 싶은 결론을 포기하고 자신의 판단이 틀렸음을 인정하는 것은 어려운 일입니다. 그렇지만 타당한 근거 앞에서 자신의 판단이 틀렸음을 인정해야 발전할 수 있습니다.

회사 리더가 자신과 다른 생각을 수용하면 자기 생각의 한계를 넘어서게 되기에 위기 관리가 됩니다. 그러나 리더가 자신과 다른 생각을 수용하지 못하고 배척하는 태도를 가지면 자신과 생각이 다른 직원들의 생각을 무시할 것이고, 그러면 그 직원은 자신의 능력을 발휘할 다른 회사를 찾아가겠지요. 그러면 이 회사에는 리더와 비슷한 성향이면서 그보다 시야는 좁은 직원들만 남게 됩니다. 그뿐만 아니라 모두 리더 눈치를 보느라 할 말을 제대로 못하게 되니, 상황을 넓게 보는 것도 위기 관리도 어려울 수밖에 없습니다. 이런 경우, 리더는 직원들이 무능하다며 화를 내게 될 가능성이 높습니다. 자신과는 다른 생각을 할 수 있는 유능한 직원들을 제 손으로 쫓아버렸음을 의식하지 못한 채 쓸 만한 직원이 없다고 한탄하게 되는 것입니다.

우리 모두는 자신이 다른 생각에 얼마나 열려 있는지 점검해보아야 합니다. 여러분은 평소에 해오던 생각과 다른 생각의 장점을 파악하려고 노력해본 적이 있나요? "그 생각 좋네!"하고 자기의 우물을 넘어서보는 경험을 한 적이 있나요? 다른 생각을 받아들여서 더 좋았던 경험이 없는 사람은 합리적 사고를 하지 않는 사람일 가능성이 높습니다. 개인과 조직의 발전을 위해서는 자기 생각과

심화편 | 삶을 변화시키는 생각 훈련

다른 생각에 귀 기울이려는 노력을 해야 합니다. 혹시 내가 끼워맞추기식 사고를 하면서 스스로 논리적이라고 착각하고 있지는 않은지 살펴봅시다. 나의 비논리를 검토하고 다른 사람의 의견을 받아들여 스스로 극복해본 경험이 없다면 나는 아직 충분히 논리적인 사람은 아닌 것입니다.

필요한 질문

✦ 나는 다른 생각을 반기는 사람인가, 아니면 불편해하는 사람인가?

✦ 결론에 맞추어 근거를 찾으면서도 나 스스로 논리적이라고 착각하고 있지는 않은가?

소망적 사고
극복하기

**내 생각을 움직이는
요인을 알아내자**

우리가 남의 말을 있는 그대로 잘 듣지 못하는 이유는 사실은 그 사람에게 바라는 바가 있기 때문입니다. 누군가와 소통이 되지 않는다면, 내가 그 사람에게 바라는 바가 무엇인가를 돌아보아야 합니다. 누군가가 나에게 짜증을 일으킨다면 그 사람이 나의 소망에 어긋나는 행동을 했기 때문이죠. 내가 나도 모르게 가지고 있는 다른 사람들에 대한 소망을 들여다보아야 합니다. 그 소망의 존재를 의식해야 그 소망의 영향을 덜 받을 수 있습니다.

인간에게는 타인이 내가 원하는 대로 존재하기를 바라는 소망이 있습니다. 이 소망이 없으면 갈등이 일어날 일이 없지요. 문제는 이 소망을 제거하는 것이 지극히 어려운 일이라는 점입니다. 인간이 가장 사랑하는 존재라 할 자식조차 아무런 소망을 품지 않고 있는 그대로 바라보고 인정하려면 뼈를 깎는 노력을 해야 합니다. **비판적 사고를 방해하는 것은 소망, 즉 바라는 바입니다. 우리가 사태를 있는 그대로 보지 못하는 것은 자신이 바라는 바에 치우쳐 듣고 싶은 것만 듣고 보고 싶은 것만 보기 때문입니다.** 소망에 따라 생각하는 것을 **소망적 사고**라 합니다. 인간의 1차적 인식은 대체로 소망적 사고로 이루어집니다. 주식을 사면 나는 크게 돈을 벌 수 있을 것 같습니다. 내가 산 집은 값이 잘 오를 것 같습니다. 이렇게 소망에 치우쳐 세상을 보면 현실에 맞지 않는 판단을 하기 쉽지요.

비판적으로 사고한다는 것은 '근거가 있으면 신뢰하고 근거가 없으면 신뢰하지 않는다'는 것이고, 소망적으로 사고한다는 것은 '믿고 싶으면 믿고, 믿고 싶지 않으면 믿지 않는다'는 것입니다. 여러분은 어떤가요? 무엇을 믿을 것인지 믿지 않을 것인지를 결정할 때 '근거'에 따르나요, 아니면 '믿고 싶은지 여부'에 따르나요?

믿고 싶은 것을 믿는 것은 일단 자연스러운(바람직한 자연스러움은 아니지만) 일이기는 합니다. 그렇다고 믿고 싶은 것만 믿어서는 현실을 내가 원하는 방향으로 바꾸기 어렵겠지요. 현실을 냉정하게 있는 그대로 보고 '이 현실을 내가 원하는 방향으로 바꾸려면 어떠한 방향으로 노력해야 하는가'를 판단하는 것은 비판적 사고의 영역입니다.

비판적 사고와 소망적 사고

물론 비판적 사고만으로 살아갈 수 있는 사람은 없습니다. 사람들 대부분은 비판적 사고와 소망적 사고를 섞어서 하게 됩니다. 비판적 사고의 비중이 상대적으로 높은 이들은 자신이 합리화를 한다는 사실을 알아채고 문제를 해결하러 나설 수 있습니다. 그런데 비판적 사고의 비율이 낮고 소망적 사고에 의존하는 이들은 현실을 합리적으로 파악하지 못하기에 지나친 낙관을 합니다. 당연히 고려해야 할 위험을 파악하지 않은 채 '잘 되겠지'라는 소망으로 일을 추진하기 때문에, 자기 생각대로 일이 진행되지 않는 경험을 많이 하게 되지요. 그럴 때에도 '뭘 더 고려했으면 그런 일이 안 생겼을까?'라는 합리적인 고민이 아니라 '나는 왜 이렇게 운이 안 좋지?'라는 원망에 빠져 있는 경우가 많습니다.

비판적 사고에 익숙한 사람들은 타인의 소망적 사고로 인해 문제가 일어날 때 스트레스를 많이 받을 수밖에 없습니다. 뻔히 예측되는 나쁜 결과를 말해도 소망적 사고에 치우쳐 그럴 리가 있느냐며 별 준비 없이 좋은 결과만을 바라는 모습을 보거나, '왜 해보지도 않고 초를 치느냐' 등등의 반응을 받고 난감해지는 경험을 자주하게 되기 때문입니다.

인간인 이상 비합리적인 사고를 완전히 피할 수는 없지만, 합리적으로 결정하기 위해 노력하는 것은 가능합니다. 인간은 충분히

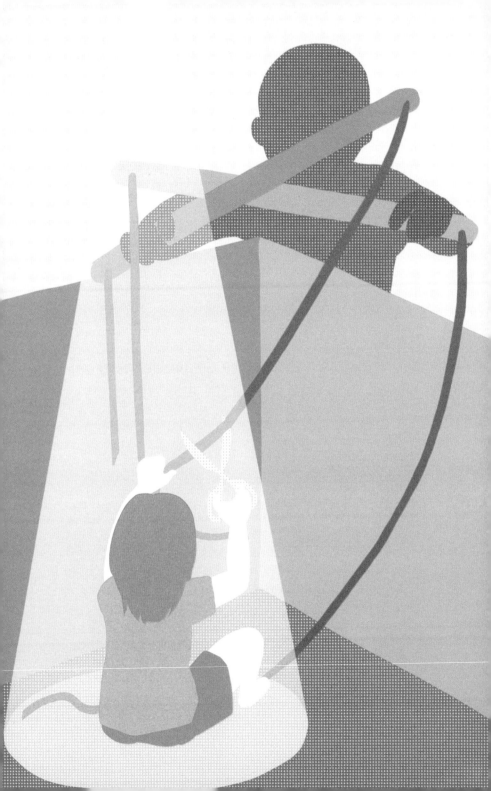

이성적이지는 않지만 훈련하면 이성을 더 잘 발휘할 수 있습니다. 이성을 잘 발휘하는 만큼 문제를 미연에 방지할 수도 있고 해결할 수도 있게 됩니다.

타인이 소망적 사고를 하는 것은 잘 파악할 수 있는데 나 자신이 소망적 사고를 하는 것은 잘 파악되지 않지요. 우리는 타인과 관련해서는 비판적 사고를 하고 자기 자신과 관련해서는 소망적 사고를 하기 쉽습니다. 다시 말해, 타인은 예리한 논리로 비판하지만 자기 자신에 대해서는 그러지 못합니다.

예를 들어, 자신이 예뻐하는 부하직원 A가 하는 일은 무엇이든 잘했다고 하고 미워하는 B가 하는 일이라면 무엇이든 못했다고 하는 직장상사가 있다고 해보죠. 이런 경우 보통 그는 자신이 그러고 있다는 것을 감지하지 못합니다. 그는 진심으로 A는 일을 잘했다고 생각하고 B는 못했다고 생각합니다. 이런 경우 그에게 A가 일을 못한 사례와 B가 일을 잘한 사례를 직접적으로 비교해주면 신경질을 냅니다.

이렇게 자신의 평소 생각을 부정하는 사실을 확인할 때 여러분은 어떻게 반응하시나요?

소망적 사고를 하게 되는 이유

사람의 생각은 자기 마음이 편리해지는 방향으로 간다는 이야기를 이미 여러 번 했지요. 위에서 말한 상사가 이 진실과 직면하기는 어렵습니다. 자신은 그런 사람이어서는 안 되기 때문입니다. 이 말이 이해가 가시나요? 자신은 그런 사람이 아니라고 굳게 믿는 데다 더 나아가 자신은 그런 사람을 경멸한다고 생각하기에 정작 자신이 그러고 있다는 것을 의식하지 못하는 것입니다.

그는 스스로를 그런 공평무사하지 못한 사람이 아니라고 여기기에 정말로 A는 일을 잘했다고, B는 일을 못했다고 하는 생각에 안주하게 됩니다. 다른 사람들이 자신과 생각이 다를 뿐이지 자신이 진실을 왜곡한 것은 아니라고 여기는 것입니다.

그럼 그는 왜 A는 예뻐하고 B는 미워할까요? 보통 A는 이 상사의 자부심을 높여주거나 상사의 일을 효과적으로 도와주는 사람이고 B는 상사의 자부심을 깎아먹거나 상사의 일을 별로 도와주지 않는 사람일 가능성이 높습니다. 그래서 오히려 일을 잘하는 사람이 상사로부터 미움 받는 일도 일어납니다. 일을 못하는 상사가 일 잘하는 팀원이 자신을 무시할까 봐 공개적으로 망신을 주는 경우도 있지요. 많은 상사들이 직원들이 일을 잘하느냐 못하느냐보다 그가 자신의 자부심을 높여주느냐 열등감을 느끼게 하느냐에 민감하게 반응합니다.

이 경우에 이 상사는 자신이 그러고 있다는 것을 알면서도 모릅니다! 이것이 중요합니다. 알긴 압니다. 그러나 모릅니다. 깊은 심중에서는 알지만 의식적 차원에서는 외면합니다. 그런데 외면하고 있다는 것을 의식하지는 못합니다. 자신의 믿음이 진실이 아니라는 증거는 자기도 모르게 무시합니다. 이 무시는 의식적 무시가 아니라 무의식적 무시입니다. 이러한 방식의 자기기만이 쌓이면 늘 화를 내는 사람이 됩니다. 왜 그러냐고요? 사람은 이성의 존재라서 근원적으로 자기 자신이 논리적이지 못한 것을 창피해하기 때문이지요. 그래서 누군가가 지적해주면 인정하기보다는 화를 내기 쉽습니다.

통상적으로 생각의 흐름을 좌우하는 것은 소망입니다. 우리는 흔히 세상의 모든 것이 내가 원하는 대로 존재하기를 바라는 소망적 사고에 빠져 있습니다. 나의 연인은 내가 원하는 대로 존재했으면 좋겠습니다. 그러면서도 나의 연인은 나에게 아무것도 바라는 바 없이 나의 존재 방식을 있는 그대로 받아들여주면 좋겠습니다. 나는 연인에게 내가 원하는 대로 바뀌어달라고 하면서도 내 연인이 나에게 바뀌어달라고 하면 "있는 그대로를 받아들이는 게 사랑이야"라고 말하고 싶어집니다.

여기서 강조하고 싶은 것은 '한 입으로 두말하는 일'에서 자유로운 사람은 아무도 없다는 것입니다. 인간은 무엇이든 새로운 인식을 할 때 그 인식이 기존에 내가 믿어오던 것들과 편리하게 잘 연결되면 수월하게 받아들입니다. 그러나 기존의 내 인식들을 모두 부정해야 할 때 그 새로운 인식을 받아들이는 것은 어렵지요. 사람은 자신이 잘났다는 것을 확인하는 방식으로 인식을 하려 합니다. 지금까지 믿어온 것이 틀렸다고 하면 자존심이 상합니다. 그러니까 지금까지 믿어온 것은 무조건 맞아야 합니다. 잘못된 것이 아니어야 합니다. 그래서 누군가가 오래도록 믿어온 것이 진실이 아님을 전달하려면 많은 주의를 기울여야 합니다. 무엇보다 그 사람이 받아들이기 어려울 수밖에 없다는 사실부터 인정해야 하지요. '이 뻔한 진실을 왜 거부하는 거야?'라는 마음으로 대화를 하면 소통은 불가능합니다. 그 사람이 그 진실을 받아들이기가 얼마나 어려울지를 상상하며 대화해야 소통이 가능해집니다.

사람마다 보지 못하는 진실이 있습니다. 자신의 체면을 깎아내릴 진실은 직면하기 어렵습니다. 소통을 할 때 나에게는 상대가 그 진실을 받아들였으면 하는 소망이 있습니다. 그래서 그 사람이 진실을 받아들이기가 얼마나 어려울지는 상상도 못한 채 진실을 직면하지 못하는 그를 답답하게 여기게 됩니다. 만약에 60년 동안 믿어왔던 믿음을 포기해야만 당면한 새로운 진실을 받아들일 수 있다고 해보지요. 그러면 그 새로운 진실을 받아들이는 순간 그는 60년 동안의 지난 삶을 부정해야 하는 상황에 처하게 되는 것입니다. 이것이 쉬울까요? 자신이 잘못된 믿음을 가진 채 오랜 세월을 살아왔다는 것을 인정하는 것은 매우 어렵습니다.

인간은 이성의 존재로서 논리학을 배우지 않아도 합리적 사고를 할 줄 압니다. 그렇지만 이해관계가 논리의 작동을 방해합니다. 그래서 이해관계에서 자유로운 어린이들이 오히려 단순하게 논리적으로 생각하는 모습을 보여주기도 합니다. 예전에 한 TV 프로그램에서 10세 어린이가 자기 아빠에게 "과거는 잊어!"라는 명언을 남긴 일이 있습니다. 복잡하게 생각할 필요가 없는 어린이가 오히려 단순하게 진리에 다가갑니다. '모든 어린이는 철학자다'라는 칼 야스퍼스의 말, 기억나시지요?

그러면 어른들은 생각이 왜 복잡해질까요? 원하는 게 있기 때문입니다. 원하는 것을 놓지 않으려니까 분명한 논리적 결론을 결론으로, 단순한 진리를 진리로 받아들이지 못하는 것입니다. 우리는 타당할 가능성과 타당하지 않을 가능성을 동시에 균형적으로 고려한다는 비판적 사고의 원칙을 예외 없이 적용하려 노력할 필요가 있습니다. 일상에서도 싸웠을 때 한쪽 말만 들으면 안 된다고 하지요. 양쪽 말을 다 들어본다는 것은 바로 비판적 사고의 방법을 현실에 적용한 것입니다. 타당할 가능성과 타당하지 않을 가능성을 동시에 균형적으로 고려하도록 하는 장치는 사회 곳곳에서 발견할 수 있습니다. 민주주의 체제에서 여당과 야당을, 법정에서 검사와 변호사를 두는 것은 비판적 사고를 하도록 제도로 강제하는 것입니다.

비논리적 사고, 무비판적 사고는 생각의 규칙을 지키지 않고 생각되는 대로 생각하는 것입니다. 우리 모두는 소망에 영향을 받기 때문에 나와는 다른 생각을 하는 이의 말을 들어보아야 합니다. 내가 영향 받는 소망을 가지지 않은 사람의 말을 들어보면 상황에 대해서 보다 냉정하게 판단할 수 있습니다. '제3자의 말'은 이런 측면에서 유효하지요.

흔히들 소통을 하려면 경청해야 한다고 합니다. 누군가가 여러분에게 집중해서 말을 들어주어 깊은 감명을 받은 일이 있을 것입니다. 우리 모두에게는 바라는 바가 있기에 사실 경청이란 쉽지가 않습니다. 타인의 말에 귀를 기울이기보다는 내 마음에 드는 말을 하는가에만 관심을 쏟기가 쉽지요. 경청의 어려움을 인식하고 자신의 소망을 들여다보아야 합리적으로 규칙을 지켜서 생각할 수 있고 소통도 잘할 수 있습니다.

필요한 질문

✦ 내가 믿을 만한 합리적인 이유가 있어서 믿는 것인가? 아니면 믿고 싶어서 믿는 것인가?

✦ 지금 내가 바라는 바는 무엇인가?

후회와 불행을 줄이는
생각법

교정적 인식을 하자

보통 어떤 결정을 할 때는 자신의 결정이 가져올 행동의 결과를 긍정적으로 예측하게 됩니다. 자신의 결정이 좋은 결과를 가져오기를 바라는 마음에 지배당하기 때문이지요. 우리는 소망의 영향을 받는 1차적 인식 때문에 나쁜 결과를 예측하는 데 실패하기 쉽습니다.

A라는 사람이 어떤 일을 하면 20만 원을 벌 수 있다고 해볼까요? 그는 '돈 20만 원을 벌자고 이것 신경 쓰고 저것 신경 쓰고 하면…… 돈도 안 되겠네'라고 생각할 수 있습니다. 그런데 막상 자신이 누군가에게 20만 원을 지불하면서 일을 부탁하려고 들면 마음이 달라지지요. 그 돈이 무척 큰돈으로 느껴지는 것입니다. 받자면 적었던 20만 원이 주자면 많은 돈이 됩니다. 동일한 액수의 돈

을 잃을 때의 고통과 얻을 때의 기쁨이 동일하지 않다는 행동경제학의 연구를 소개한 적이 있지요? 100만 원 손해 볼 때의 괴로움과 같은 강도의 기쁨을 얻으려면 225만 원을 얻어야 합니다. 인간은 이렇듯, 기본적으로 편향되어 있습니다.

나는 왜 후회하는가?

인간의 인식 방식으로는 '현재 가진 것'에서 장점보다 단점을 보기 쉽습니다. 현재 그 단점을 견디고 있기에 인식이 단점에 집중되지요. 그러나 '현재 없는 것'에서는 장점을 보기 쉽습니다. 지금 단점을 경험하고 있지 않기에 장점만 보게 됩니다. 그래서 늘 구관이 명관이 됩니다. 이전 직장상사의 단점은 날 괴롭히지 않고 현재 상사의 단점은 나를 괴롭히기 때문입니다. 현재의 상사로 인한 불편을 느끼다 보면 미처 주목하지 못했던 이전 상사의 장점이 인식되기 시작하죠. 그래서 '옛날 상사는 그래도 이러지는 않았는데…… 그분이 사실은 이런 면에선 장점이 있었구나'라고 생각하게 됩니다.

인지심리학에서는 이를 **장밋빛 회상**이라고 칭합니다. 과거의 부정적인 경험은 긍정적인 것으로, 긍정적인 경험은 더 긍정적인 것으로 인식하게 된다는 것입니다. 인식이 이런 식으로 되기 때문에 좋은 것은 늘 현재 나에게는 없고 과거에 있거나 남에게 있거나 하는 것 같지요. 그래서 생각을 검토하지 않고 저절로 진행되는 1차적 생각에 안주하면 인간은 불행을 느끼기가 쉽습니다.

이혼한 사람의 90퍼센트가 이혼을 후회한다는 통계 결과가 신문에 난 적이 있습니다. 결혼을 한 상황에서는 결혼의 단점과 이혼의 장점에만 골몰하기 쉽지요. 그런데 이혼을 하고 나면 수면 아래에 있던 결혼의 장점과 이혼의 단점이 드러납니다. 그래서 이혼한 사람 가운데 이혼을 후회하는 사람이 많은 것입니다.

결혼에도 이혼에도 장단점이 있습니다. 결혼의 장점이 안정감이라면 단점은 자유의 제한이지요. 이혼의 장점이 자유라면 단점은 외로움입니다. 결혼의 단점은 이혼의 장점과 연결되고 이혼의 단점은 결혼의 장점과 연결됩니다. 결혼한 상태에서는 자유가 제한되는 것이 싫어서 이혼을 꿈꾸게 됩니다. 그런데 이혼을 하면 이혼으로 얻게 된 자유가 좋아 보이는 것이 아니라 이혼으로 잃게 된 안정감이 좋아 보입니다. 이렇게 인간은 '불행을 느끼는 능력'이 뛰어난 존재입니다.

장점을 뒤집으면 단점이 되고 단점을 뒤집으면 장점이 됩니다. 선택이 품고 있는 단점을 보지 않은 채 장점만 기대하면 문제가 생길 수밖에 없지요. **인간은 선택으로 인한 장점에는 쉽게 익숙해지지만 선택으로 인한 단점에는 쉽게 익숙해지지 않기에 선택은 후회를 동반할 가능성이 높습니다.**

장점은 단점을 수반합니다. 장점이기만 한 것도 없고 단점이기만 한 것도 없습니다. 신중함이 좋다지만 신중하다 보면 결정할 시점을 놓치게 될 위험이 있습니다. 그래서 좋게 말하면 신중하고 나쁘게 말하면 우유부단한 경우가 많지요. 신중함과 우유부단함의 공통점은 '생각이 많다'는 것입니다. 결정할 시점을 놓치면서까지 생각을 많이 하면 우유부단한 것이고, 결정할 시점은 놓치지 않으면서 충분히 생각하면 신중한 것입니다. 결국 신중함이나 우유부단함이냐를 가르는 것은 '판단의 시점을 잘 잡느냐 아니냐'이지요. 생각이 많은 사람은 자신이 우유부단한 것 아닌가 하는 염려를 하지만 그 특성은 신중함이 될 수 있는 특성입니다. 그러니 '내가 우유부단한 것 아닌가' 하면서 염려하기보다는 '판단의 시점을 놓치지 말자'는 결심을 하는 것이 좋습니다.

가능한 것과 불가능한 것을 구분하기

만약 여러분의 연인이나 배우자 혹은 동료가 여러분의 장점을 모두 향유하곤 단점만 가지고 통사정하면 마음이 어떨까요? 그런데 여러분 역시 마음이 자주 그렇게 됩니다. 다음의 사례를 통해 생각해보죠.

사례1. 동료가 일은 잘하지만 잔소리가 많고 가르치는 것 같아 힘들다

일을 잘하는 사람은 일을 꼼꼼하고 면밀하게 처리합니다. 이런 꼼꼼한 성격은 자기 기준에 맞지 않을 때 부정적인 반응을 보일 가능성이 높습니다. 일들을 세밀하게 구분하는데 그 구분에 어긋나는 것이 나타나면 예민하게 반응하게 되지요. 그러면 옆에 있는 동료 입장에서는 과도하게 개입한다거나 잔소리가 많다거나 가르치는 것 같다는 느낌을 받게 됩니다.

반대의 경우를 생각하면 어떨까요? 꼼꼼한 일처리가 안 되는 동료의 경우, 내가 그 일을 마무리해야 하는 때가 자주 생길 수 있습니다. 둘 중 어느 쪽이 나아 보이나요? 일처리는 꼼꼼하게 하면서 잔소리는 안 하는 사람도 아주 간혹 있을지 모르나 그런 경우는 매우 드뭅니다. 일을 잘하면서도 자신의 성취에 도취되지 않고 인격적으로 자기 자신을 다듬은 경우에나 가능하지요.

우리 모두는 자기 일을 자기가 알아서 하고 옆 사람에게 폐 끼치지 않는 동료를 원합니다. 그러나 이런 사람을 만나기는 어렵습니다. 일을 잘하는 동료도, 일을 못하는 동료도 나름대로 나에게 주는 부담이 있습니다. 우리는 좋은 것에는 쉽게 익숙해지고 나쁜 것에는 쉽게 익숙해지지 못합니다. 그래서 동료의 장점에는 쉽게 익숙해지고 동료의 단점에는 쉽게 익숙해지지 못합니다. 동료의 장점을 기억하면서 단점에는 익숙해지려 노력하는 태도가 필요합니다.

사례 2. 남편이 너무 남들을 도와주고 부탁을 거절하지 못해서 고민이다

남편이 너무 실속이 없다는 고민에, 이렇게 말씀드린 일이 있습니다. "남편 분이 그러한 성향이시라면 성품이 온화하시겠네요." 아니나 다를까 그렇다는 것입니다. 온화한 성격이니 아내에게만이 아니라 다른 사람에게도 온화한 것 아닐까요? 배우자가 자신에게만 온화하고 타인들에게는 맺고 끊을 줄 아는 사람이기를 기대하기 쉽지만, 사람의 성향이 그렇게 상대에 따라 달라지기는 어렵습니다. 가능한 선택지는 '나에게 온화하지 않고 그 대신 남들과의 관계에서도 손해 보지 않는 사람'이냐, '나에게도 온화하고 남들에게도 온화해서 손해 보는 때가 있는 사람'이냐 입니다. 사람이 온화하면서도 남들과의 관계에서 손해 보지 않게 자신을 관리하는 것은 어렵습니다. 그러면 마음 안에 모순이 일어나서 당사자가 스트레스를 많이 받게 됩니다. 어떤 성품이 누구에게는 발현되고 누구에게는 발현되지 않도록 조절하는 것은 어려우니까요. 상충하는 경향들을 한 사람이 모두 가질 수 없다는 사실을 받아들이고, 나는 어느 쪽을 더 편하게 생각하는지 고민해보는 것이 좋습니다.

후회를 줄이는 교정적 인식

인간은 가진 것에서는 단점을 보고, 가지지 않은 것에서는 장점을 보기 때문에 불행하기 쉽습니다. 객관적 인식을 지향하는 철학은 지금 가진 것의 장점과 단점, 가지지 않은 것의 장점과 단점을 균형적으로 파악할 것을 요구합니다.

철학적 사고의 효과를 제대로 얻기 위해 필요한 방법이 바로 '교정적 인식'입니다. 비판적 인식은 타당할 가능성과 타당하지 않을 가능성을 동시에 균형적으로 고려하는 것인데, 이 가운데 더 인식하기 쉬운 쪽이 있고 어려운 쪽이 있습니다. 인식하기 어려운 쪽에 더 가중치를 두어서 생각하는 것이 **교정적 인식**입니다. 교정적 인식은 비판적 인식을 제대로 해내기 위한 방법입니다.

인식의 균형을 잡기 위해서는 누군가와 갈등을 겪을 때, 내 잘못에 더 집중하면서 상대방의 잘못을 덜 인식하려 노력하고 내가 느끼는 것보다는 상대방이 덜 잘못했을 것이라고 생각하려 노력해야 합니다. 우리는 자신의 이해와 바람으로 인해 편향된 인식을 하기 때문에 일부러 상대방의 입장에 가중치를 두어 인식해야 겨우 균형을 잡고 객관적 인식에 한 걸음 다가설 수 있습니다.

교정적 인식은 타당할 가능성이 높다고 여겨지는 일에 대해서는 타당하지 않을 가능성의 측면을, 타당하지 않을 가능성이 높다고 여겨지는 일에 대해서는 타당할 가능성의 측면을 생각하려고 노력하는 것입니다. '그가 틀렸어'라는 생각은 일부러 줄이고 '그도 맞을 수 있어'나 '그가 타당한 측면을 내가 제대로 보지 못하고 있는 거야'라는 생각을 일부러 강조하는 것입니다. 그래서 상대방의 말을 들을 때 자신의 마음에 완전히 맞아떨어지지 않아도 지금 내 느낌보다는 상대방이 맞을 것이라고 생각하고 인정하는 것이죠. 그러니까 누군가와 갈등하게 될 때는 다음을 되뇌어볼 필요가 있습니다.

- 그 사람은 내 느낌보다는 잘못하지 않았을 것이다.
- 내 입장에서 보니까 그 사람의 잘못만 있는 것 같지만 갈등에는 내 잘못도 있다.
- 내가 나의 잘못을 잘 인식하지 못한다고 해서 내 잘못이 없는 것은 아니다.
- 나는 그 사람의 잘못을 확대 해석할 수밖에 없다. 그러니까 내가 고통스러운 정도로 그 사람이 잘못한 것은 아니다.

이러한 노력이 있어야만 인식의 균형이 잡힙니다. 이렇게 교정적 인식을 하면 나중에 후회할 일을 덜 만들 수 있게 됩니다. 우리는 나쁜 점에 주목하기 쉽기 때문에 무슨 일을 접하든 그것의 좋은 점을 보려고 노력해야 합니다. **생각이 흘러가는 대로 두면 나쁜 것에 주목하는 인간의 경향성으로 인해 우울과 불행에 빠져 지내게 될 위험이 높아집니다.**

'은혜는 바위에 새기고 원한은 물에 새기라'는 옛말이 있지요. 이 말이야말로 바로 교정적 인식의 전형입니다. 은혜는 왜 바위에 새겨야 할까요? 잊어버리기 쉬우니까요! 나에게 불편을 일으키지 않는 것은 잊어버리기 쉽습니다. 또 고마워해야 하는 것은 잊기 쉽습니다. 고마움도 일종의 마음의 부담이니까요. 원한은 왜 물에 새겨야 할까요? 부정적인 것은 잊어버리기가 어려우니까요! 인간은 손해에 민감하니 말입니다.

교정적 인식은 비판적 사고의 비밀 병기입니다. 교정적 인식을 하려 노력하면 비판적 인식도 하게 되고 마음도 잘 다스릴 수 있게 됩니다. 《자유론》의 저자 존 스튜어트 밀도 교정적 인식의 원리와 유사하게 '악마의 변호인'을 상정해야 한다고 말했지요. 어떤 결정을 내릴 때 그 결정이 좋은 결정이 되게 하려면 반대 입장을 끈질기게 견지하는 악마의 변호인을 상정해보아야 한다는 것입니다. 악마의 변호인의 온갖 공격을 이겨내는 판단이라면 그 판단에 따라 실행해도 된다는 것이죠. 즉 악마의 변호인을 상정하는 것은 그 판단이 틀릴 가능성을 검토해보는 방편입니다. 이 과정에서 적절한 반론이나 지적을 만나면 그 내용을 흡수해 판단을 보완할 수 있겠지요.

필요한 질문

✦ 나는 지금 인식의 균형을 확보하고 있는가?

✦ 내가 생각하기 어려운 가능성에 가중치를 두어 생각했는가?

논리와 심리의 사이에서
마음의 가닥 잡기

비합리에 딸려 가지 말고 균형을 잡자

뇌는 게으르기 위해 바쁘다고 합니다. 우리가 1부 인지 구두쇠 편에서 본 것처럼, 뇌는 가능한 한 인지에 들어가는 에너지를 줄이기 위해 노력하죠. 심리학자이자 뇌과학자인 김학진은 모든 정보를 충분히 고려하는 것이 어차피 불가능하므로 뇌는 많은 정보 가운데 어떤 범주를 가장 잘 대표하는 특성들만 남기고 나머지는 과감히 버림으로써 정보 처리의 효율성 극대화를 꾀한다고 말합니다.

이렇듯 효율성을 극대화하는 방식을 두고 《착각의 심리학》을 쓴 데이비드 맥레이니는 "뇌 속에 숨은 본능적인 자동항법 장치"라고 표현했습니다. 인간의 뇌에는 자동항법 장치처럼 효율성을 극대화하는 방식으로 안착된 인지 방식이 있다는 것입니다. 앞에서 이 안착된 인지 방식의 가장 기초적인 원리가 '자기 보존'이라고 말씀드렸지요. 이런 방식은 효율적인 대신 여러 가지 인지 오류를 초래합니다. 맥레이니는 우리가 훈련을 통해 이 뇌 속 자동항법 장치를 끌 수 있다고 말했습니다. 잠깐 멈춰서 숙고하는 것만으로도 더 나은 결정을 내릴 수 있고 보다 건강한 인간관계를 맺을 수 있다는 것입니다.

논리를 비틀고 들어오는 심리

인간은 모든 일에서 이유를 찾고 싶어 합니다. 문제는 그 이유를 내 마음이 편한 방향으로, 즉 인지 에너지를 덜 쓰는 방식으로 찾고 싶어 한다는 것입니다. 예를 들어 좋지 않은 상황을 '○○ 때문이다'라고 생각해버리면 편해지니 자꾸만 희생양을 찾고 싶어 하는 것처럼 말이지요. 우리가 자꾸 남 탓을 하게 되는 이유입니다. 1부에서 본 방어적 귀인도 그러한 한 가지 방식이었습니다.

심리는 자주 논리를 비틀고 들어옵니다. 우리가 1부에서 후광 효과 등 이런저런 심리 효과를 살펴본 것은 그로 인한 심리적 영향을 덜 받고 비판적·논리적 사고력을 높여 인지 오류를 줄이기 위해서였습니다.

반복적인 운동으로 근육을 강화하는 것처럼 생각의 근육도 좋은 생각을 자꾸만 접해봄으로써, 자신의 생각을 의식적으로 검토해봄으로써 키울 수 있습니다. 인간이 무의식적·자동적으로 움직이는 측면이 꽤 있기는 하지만 노력하면 이 부분을 조절할 수 있습니다. 무의식적·자동적 선택의 영향을 받는 1차적 생각을 검토해서 거기에 따르는 게 좋을지, 더 나은 생각은 없는지를 잘 판단하면 부정적 결과를 초래할 선택을 줄여나갈 수 있습니다.

마음을 들여다보려면

생각을 검토하다 보면 조금 더 마음을 들여다볼 수 있게 되고 마음의 방향을 바람직한 쪽으로 바꿀 수 있게 됩니다. 누구나 자신이 원하지 않는 방향, 특히나 스스로 생각해도 바람직하지 않은 방향으로 생각과 마음이 뻗어나갈 수 있습니다. 생각을 검토하다 보면 '내가 왜 이렇게 비합리적인 생각에 딸려 가고 있지?' 하는 의문이 들 때가 있습니다. 이런 순간이 바로 자기 마음을 들여다보는 계기가 되지요.

논리의 적용이 안 된다는 것을 알게 될 때 자신의 심리적 왜곡을 인식하게 되는데, 이는 사실 무척 어려운 일이어서 생각을 아주 많이 검토해본 뒤에야 가능해집니다.

마음과 생각이 '되어가는' 흐름에는 이유가 있습니다. 그 이유를 의식적 차원에서 파악하는 학문이 심리학이고 무의식의 차원에서 파악하는 학문이 정신분석학입니다. 누구에게나 자신만의 비합리적인 생각이 있습니다. 자신이 하고 있는 그 생각이 비합리적이라는 것을 알기는 어렵지만 일단 비합리적임을 파악하게 되면 비합리성의 영향을 덜 받을 수 있습니다.

대화는 자신의 생각이 비합리적임을 파악하는 좋은 방법 중 하나입니다. 타인과 대화를 하다 보면 나의 비합리적인 생각에 상대방은 동의해주지 않는 것을 경험하게 됩니다. '왜 나는 남들과 다르게 생각하지? 남들은 왜 내 생각이 이해가 안 된다고 하지? 나를 이 생각에 매몰되게 만드는 요인은 뭐지?' 이런 식으로 질문을 하면 점점 더 합리적으로 생각을 이끌어갈 수 있습니다.

생각을 논리 규칙대로 하면 적어도 말이 안 되는 생각에 붙잡히는 문제는 어느 정도 조절할 수 있게 됩니다. 생각하는 힘에 따라 많이 조절할 수도, 그리 조절하지 못할 수도 있겠지만 말입니다. 논리적 사고에 대해 조금 더 자세히 설명하기 위해, 생각이 논리적으로 연결되어 있는지 아닌지를 검토하는 규칙을 다루는 **논리학**을 잠시 맛보겠습니다. 다음은 삼단논법, 즉 세 개의 명제로 된 논증입니다. 논증이란 '주장으로 이루어진 말의 연결'입니다. 다음의 연결이 말이 된다고 느껴지시나요?

논증 (가)

A 모든 인간은 죽는다.

B ○○는 인간이다.

C ○○는 죽는다.

여기에서 ○○에 무엇이 들어가든 인간인 존재가 들어가면 이 논증은 타당하게 됩니다. 이 논증이 타당하다는 것은 여러분이 직관적으로 이해할 수 있을 것입니다. 그 정도로 여러분은 이미 논리적입니다. 이 논증의 ○○에 '소크라테스'를 넣어보죠. 그러면 우리는 아무 부담 없이 '소크라테스는 죽는다'라는 결론에 도달할 수 있습니다.

논증 (나)

A 모든 인간은 죽는다.

B 소크라테스는 인간이다.

C 소크라테스는 죽는다.

그러면 논증 (가)의 ○○에 '나'를 넣어봅시다. 생각이 어떻게 흘러가나요?

논증 (다)

A 모든 인간은 죽는다.

B 나는 인간이다.

C 나는 죽는다.

여러분이 '나는 죽는다'라는 결론에 쉽게 도달했다면 여러분은 논리적인 사고가 잘되는 사람입니다. 그러나 대부분은 생각이 다음과 같이 흐를 것입니다.

논증 (라)

A 모든 인간은 죽는다.

B 나는 인간이다.

C 그래도 난 아직 죽을 때가 안 됐는데!

(라)는 타당하지 않은 논증입니다. 논리학의 기본 규칙을 어긴 생각의 연결이죠. 타인의 문제에 대해서는 저절로 논리 규칙에 맞는 생각을 할 수 있는데 자신의 문제로 오면 논리적인 사고가 되지 않습니다. 죽음이라는 두려운 현실을 외면하고 싶기 때문에 생각이 논리적으로 흐르지 않지요. 타인을 대상으로 할 때는 논리학의 규칙을 배우지 않았어도 논리를 척척 잘 적용할 수 있는데, 내 문제로 오면 그게 잘 안 됩니다. 심리가 논리를 비틀고 들어오기 때문입니다.

배우지 않아도 저절로
익숙해지는 자기기만

마음을 좋은 방향으로 이끄는 생각을 하려면 1차적 마음이 어떻게 생각을 비트는지 알아야 합니다. 비판적 사고 분야의 세계적인 권위자인 리처드 폴과 린다 엘더는 《왜 비판적으로 사고해야 하는가》에서 다음과 같이 말합니다.

> 무엇보다 먼저 당신의 마음을 깨워야 합니다. 당신의 마음을 이해하기 시작해야 합니다. 언제 당신의 마음이 문제를 일으키는지 보기 시작해야 합니다. 당신의 마음이 문제를 숨기려 할 때(배우지 않아도 저절로 익숙해진 여러 형태의 자기기만을 통해) 어떻게 그 마음을 잡아낼지를 배워야 합니다. 당신 그리고 우리 모두가 몽매했던 시절 부지불식간에 받아들였던 쓰레기 같은 관념들과 불합리한 것들을 찾아내야 합니다.

우리는 인지부조화, 확증편향 등 지금까지 위의 인용문에서 말하는 '쓰레기 같은 관념들과 불합리한 것'들을 극복하기 위해 비판적 사고를 배우려 하고 있습니다. 그런데 비판적 사고를 하려고 노력하다 보면 논리가 작동되지 않는 부분을 만나게 됩니다. 논리는 심리적 문제나 소망 앞에서 종종 무력해지곤 합니다.

이를 극복하기 위해 **자신이 주로 어떠한 방식으로 소망적 사고를 하는지를 알아가는 과정은 내 심리적 특징을 이해하는 과정이 됩니다.** 사람마다 생각하는 경향성이 다른 이유는 심리의 영향을 받으면서 생각하기 때문입니다. 그래서 상대방의 비논리를 볼 때 우리는 그 사람만의 심리적 특징을 더 잘 이해할 수 있게 됩니다. 이를 극복하는 데는 심리학 연구의 도움을 받을 수 있지만, 저로서는 그것만으로는 부족해보입니다. 자신만의 심리적 특징을 이해하고 그러한 심리를 가진 자신으로 어떻게 살아가야 하는가 하는 문제에서는 생각의 힘이 필요합니다.

심리를 제어할 힘은 논리에서 나옵니다. 논리적으로 생각하게 되면 논리와 심리의 간극을 파악할 수 있고, 논리와 심리의 간극을 파악하면 편파적 인식의 영향을 약화할 수 있습니다. 논리적으로 생각하려 노력할수록 자신의 심리적 특징과 무의식적 특징을 의식하게 됩니다. 이를 의식할수록 심리와 무의식의 영향을 조절할 수 있게 됩니다. 그래서 비판적 사고를 잘할수록 마음의 가닥을 잡아갈 수 있게 되는 것입니다.

필요한 질문

✦ 나는 왜 이렇게 비합리적인 생각에 딸려 가고 있는가?

✦ 내 마음과 생각의 흐름을 좌우하는 주된 믿음은 무엇인가?

무의식 바라보기

**나를 힘들게 하는
잘못된 믿음에서 벗어나자**

무의식은 내가 느끼지 못하는 내 마음입니다. 의식의 차원으로 올라오지 않은 마음이지요. 그런 마음을 가진 나를 용납하기 힘들기 때문에 그 마음을 의식하지 못하게 되는 것입니다. 그렇기에 무의식은 남의 눈에는 보이는데 자기 눈에만 보이지 않습니다. 무의식은 자신도 인정하지 못하는 마음이라 의식 아래에 있는 것입니다. 그래서 무의식은 대체로 역겹고 그걸 들여다보는 일은 힘듭니다.

결혼생활이나 연인 관계를 유지하기 어려운 이유 가운데 하나는 상대방의 무의식을 너무 자세히 들여다볼 수밖에 없어서입니다. 우리는 종종 배우자나 연인에 대해 '네가 그렇다는 것을 너는 모르지? 내 눈에는 다 보여!'라는 마음이 되곤 하지요. 그러나 내 무의식은 인식의 사각지대에 있습니다. **내 눈에 상대방의 무의식이**

보인다면 상대방에게는 나의 무의식이 보인다는 것이 진실입니다. 우리는 이 단순한 진실을 의식하지 못하는 경우가 많습니다.

나를 망치는 믿음과 인지치료

열등감을 무의식에 가지고 있는 사람은 자신이 열등감을 느낀다는 것을 의식하지 못합니다. 그 사람의 모든 행동을 좌우하는 것은 무의식에 있는 열등감을 느끼지 않으려는 몸부림인데도 말입니다. 그래서 이런 사람은 말을 할 때 어떻게 하면 옆사람을 구박할까를 고민하는 사람처럼 말합니다. 항상 마음이 자신의 잘났음을 확인하고자 하는 방향으로 움직이기 때문에 본인도 모르게 옆사람을 자꾸 깎아내리는 말을 하게 되는 거죠.

그래서 이런 사람 옆에 있다 보면 웬만큼 자존감이 높은 사람도 힘이 듭니다. 문제는 정작 그 당사자는 자신이 옆사람에게 잘해준다고 느낀다는 것입니다. 그 이유는 그 사람이 무의식적 열등감에서 오는 마음의 부담을 가지고 있기에 '옆 사람이 나를 인정해주지 않으면 어쩌지' 하는 두려움을 많이 느끼게 되고, 그로 인해 옆 사람의 눈치를 자꾸 보게 되기 때문입니다. 그래서 스스로는 눈치 본다고 느끼면서 관계에서 자신이 손해를 봤다는 억울함을 토로하곤 합니다. 눈치 보며 옆 사람에게 잘해준 것만 기억하기 때문입니다. 사실 인간관계에서는 배려를 하면 되는 것이지 눈치를 봐야 하는 것은 아닙니다. 그런데 자신이 무의식적 열등감 때문에 눈치를 본 사실을 알지 못하니 자신이 눈치 보느라 힘든 것만 의식하게 됩니다. 자신도 모르게 은근히 옆사람을 깎아내린 것은 의식하지도 못한 채로, 사실은 보지 않아도 될 눈치를 괜히 보면서 말입니다.

무의식은 나의 생각과 행동에 지속적으로 영향을 끼칩니다. 논리적으로 생각하려 노력하면 자기 사고 패턴의 특징, 심리적·무의식적 특징을 의식할 수 있게 됩니다.

심리학은 인간이 대체로 어떤 일을 겪었을 때 어떤 생각을 하고 어떤 감정을 겪는 경향성이 있는가를 잘 설명해줍니다. 그다음에 그런 경향성이 있는 나로 어떻게 살아야 할 것인가는 내가 결정해야 할 문제로 남습니다. 우리는 모두 자신의 심리적 특징을 의식하고 그런 자기 자신으로 어떻게 살아야할 것인가를 고민해 보아야 합니다. 그래야 점점 더 나 자신으로 살 수 있게 됩니다.

자신만의 잘못된 믿음 때문에 일을 망치고 인생에서 중요한 사람을 잃는 경우가 많습니다. 잘못된 믿음이라 하는 이유는 참이 아닌 믿음이기 때문입니다. 잘못된 믿음의 예는 수도 없지만 그중 '나를 사랑해주는 사람이 나타나면 모든 문제가 풀릴 것이다'라는 믿음을 가지고 생각해보겠습니다. 이런 믿음을 가지고 있으면 사랑이나 결혼에 과도한 기대를 하게 되고 그로 인해 연인이나 배우자와의 관계에서 어려움을 겪게 됩니다. 이 믿음은 애정결핍으로 인한 잘못된 믿음입니다. 인간은 모두 한계를 가지고 있는데 한계를 가진 타인과의 관계가 자신의 모든 문제를 해결해주리라고 믿는 것은 소망에 입각한 것이죠. 그런 관계는 없습니다. 《상처가 꽃이 되는 순서》에서 문학치료가 전미정은 다음과 같이 말합니다.

> 사람들은 자신만의 특별한 경험을 가지고 산다. 그리고 특별한 경험은 대개 상처가 남긴 훈장이다. 그래서 학대받고 자란 사람은 버림받느냐 아니냐는 것에만, 콤플렉스를 갖고 성장한 사람은 열등이냐 우등이냐는 것에만, 사랑받지 못한 사람은 사랑이냐 아니냐는 것에만 전전긍긍하면서 살아간다. 집착할수록 마음 상하는 일이 적잖이 벌어지는데도 모든 에너지를 거기에 쏟아버리고 만다. 단 한 번도 반성해볼 시도조차 하지 않은 채로.

인지행동 이론에 따르면, 정서장애는 이 세상을 독단적으로 해석한 내용을 지나치게 믿는 데서 발생합니다. 철학자 줄스 에번스는 인지행동치료를 받은 경험에 대해 이렇게 말했습니다. "나는 그(스스로를 불편하게 하는 잘못된) 믿음을 들여다보고 냉정하게 바라보고 이치에 맞게 생각해보는 법을 배울 수 있었다." 생각을 검토하는 훈련을 많이 한 철학자이기에 인지행동치료의 효과가 더 좋았을 것으로 예측됩니다. 또한 그는 우리가 자신의 믿음을 들여다볼 수 있고 그 믿음을 능동적으로 바꿀 수 있으며 그 결과 감정도 달라진다고 봅니다. 정신건강의학과 의사 정도언도 인지행동치료를 통해 자신을 우울하게 만드는 부정적이고 왜곡되고 과장된 생각을 긍정적인 사고로 돌려서 우울증을 치료할 수 있다고 말했지요.

인지치료는 우리 자신과 삶을 바라보는 생각과 관점을 바꾸려는 노력입니다. 무조건 낙관적으로 생각하라거나 비관은 안 된다거나 하는 말이 아니라, 현실적으로 생각하라는 것입니다. 인지치료는 대체로 우리 자신의 한계를 받아들이고, 타인의 시선이나 미래에 대한 두려움에서 벗어나도록 이끕니다. 인지행동치료를 통해 자신의 잘못된 마음과 생각의 습관을 검토할 수 있습니다.

인지치료와 같은 심리치료를 늘 일상적으로 스스로에게 수행하는 방법이 있습니다. 바로 **자신의 생각을 검토하는 것**입니다. 철학적 사고 훈련이 스스로에게 하는 인지행동치료가 될 수 있는 것입니다. 생각과 관점을 바꾸려는 노력은 철학을 자신의 삶에 적용하는 것과 다르지 않습니다. 일반적인 경우, 일상생활에서 생각을 검토하는 노력만으로도 좋은 결과를 거둘 수 있습니다. 전문가와의 심리치료가 필요한 경우에도 이러한 생각의 힘 덕분에 치료의 효과를 크게 높일 수 있고요.

무의식 바라보기

자신의 1차적 경향성을 검토하려 노력하다 보면 자신의 심리적 특징과 함께 무의식적 특징도 파악하게 됩니다. 자신의 생각 및 행동 패턴에 깊은 영향을 끼친 유년시절의 경험에 대해서도 의식할 수 있게 됩니다. 자라 보고 놀란 가슴 솥뚜껑 보고도 놀란다고 아주 힘든 경험을 한 사람은 그 힘든 경험과 유사한 상황만 와도 과잉 방어를 하게 됩니다.

어릴 때 부모님의 양육 방식으로 인해 마음에 상처를 받았다면 부모님을 원망하기 쉽지요. 그래서 자녀 양육에서도 어려움을 겪는 일이 많습니다. 부모를 원망하는 마음은 자신의 부모 역할에 대한 기준을 과도하게 높일 위험이 있습니다. 그러고는 자기가 설정해놓은 좋은 부모상에 부합하지 못하면 스스로에게 실망합니다.

자녀 양육은 인내력의 밑바닥을 경험하게 하는 일입니다. 아무리 사랑해도 아이를 키우면서 기쁨만 느낄 수는 없는 일입니다. 화도 나고 죄책감도 느끼는 등 여러 가지 감정을 겪을 수밖에 없습니다. 부모 역할에 대한 자신의 기준이 너무 높으면, 부모가 겪게 되는 이러한 자연스러운 감정마저 문제가 있다고 여기면서 지나치게 자책하는 등 고통을 겪게 됩니다.

이런 식으로, 인간은 계속 힘들어하면서도 스스로를 힘들게 하는 해로운 믿음과 사고 습관에 고착되어 헤어나오지 못할 수 있습니다. 그것밖에 모르기 때문에 그렇게밖에 하지 못하지만 그럴수록 그런 자기 자신에게 실망하게 되는 악순환이지요. 무의식을 들여다보면 이 악순환의 고리를 약화하는 방향으로 노력할 수 있게 됩니다.《내 마음은 내가 결정합니다》에서 정신건강의학과 의사인 정정

엽은 "마음을 제대로 다루면 생각도 태도도 바뀐다"고 말합니다. 자신을 괴롭히는 생각의 뿌리를 바꾸기 위해서는 당연하게도 자신이 어떤 생각의 뿌리를 갖고 있는지를 알아보아야 합니다. 스스로 자신에게 있는 심리적 왜곡을 느껴보아야 하는 것이지요.

어떤 생각이 강박적으로 반복되는 경우가 있습니다. 과거에 상처받은 일이나 상황이 동영상의 구간반복처럼 되풀이되는 것입니다. 이런 경우에는 상담을 받는 것이 좋습니다. 이미 그 방향으로 뇌에 지름길이 나버렸기 때문에 전문가의 도움으로 조정하는 일이 필요합니다. 자신이 자주 경험하는 감정이 왜 생기는지, 그러한 감정을 생기게 하는 생각이 무엇인지를 깨닫는 것이 중요하지요. 이 과정은 무의식을 직면하는 과정과 궤를 같이합니다.

감정 밑에 숨겨진 생각, 자신만의 전제를 바꿀 때에야 원하지 않는 감정이 일어나는 문제를 근본적으로 해결할 수 있게 됩니다. 부모에 대한 과도한 기대가 문제라는 것을 알 때, 부모에 대한 과도한 기대를 하지 않으려고 노력하게 되고 점점 더 그 기대에서 자유로워지게 되는 것처럼요.

줄스 에번스는 생각을 잘하기 위해서는 철학적으로 깨달은 점이 마음에 스며들어 자신과 무의식적으로 나누는 대화의 일부가 될 때까지 되풀이해야 한다고 말합니다. 철학 선생인 제 입장에서는 철학적인 성찰을 하면서 그 문제를 자기 자신에게 적용해보는 노력을 하다 보면 철학적으로 깨달은 점이 자신에게 좋은 영향을 끼치게 된다고 말하고 싶습니다. 무의식적인 사고 습관은 나에게 편리한 방식으로 형성됩니다. 그러한 습관에 의문을 품고 그렇게 생각하는 것이 정당한가 하는 의문을 제기하는 것이 바로 철학적 태도이고 비판적 사고입니다.

생각을 검토하다 보면 자신의 마음이 나아가는 방향을 의식하게 됩니다. 그러면 자신의 존재 방식의 특징을 알게 됩니다. 자신의 심리적 특징과 자신과 타인 사이의 차이를 인식하면서 내가 어떤 사람인지를 느끼는 과정을 차근차근 밟아야 합니다. 그러다 보면 자신이 어떤 사람인지 알게 되고 그러면 그런 자기 자신으로 살아나갈 수 있게 됩니다. 그것이 나답게 사는 길입니다. 자기 자신을 알아가면서 점점 더 '나'다워질 수 있는 것이지, 자신을 어딘가에서 찾아오는 것이 아니지요. 자신의 1차적인 경향성에 굴복하면 '내가 원하는 나'가 될 수 없습니다. '본연의 나'가 되는 데에는 생각의 힘이 필요합니다.

필요한
질문

◆ 지금 나는 왜 이렇게 생각하는 것인가?
◆ 지금 나의 느낌이 적절한가?

다름을 견디는 힘은
어디서 오는가

결과적으로 그렇게 됐을
가능성을 생각하자

살다 보면 왜들 그렇게 내 마음을 몰라줄까 하는 순간이 자주 옵니다. 이런 때 '그렇다면 나는 다른 사람의 마음을 얼마나 아는 걸까' 하는 질문도 해볼 필요가 있습니다. 나에게 그가 다르다면 그에게는 내가 다른 것입니다. 누군가와 갈등할 때 이 생각을 하지 않으면 나만 피해자 같다는 생각이 들 수밖에 없습니다. 그가 나를 얼마나 견디고 있는가는 인식의 사각지대에 들어가기 때문이지요.

'나만 그를 견디고 있고 그는 나를 견디고 있지 않다'는 것은 1차적 인식입니다. 만약 이러한 1차적 인식에만 머무르는 사람이 있다면 그 사람의 마음속은 어떨까요? 아마도 세상 모두가 원망스러울 테고 내 주변에는 좋은 사람이 하나도 없다는 생각에 괴로울 겁니다.

　내 주변에 좋은 사람이 없다면 뒤집어 말해 내가 다른 사람에게 좋은 사람이 아니라는 뜻일 수도 있음을 생각해보아야 합니다. 타인이 내게 잘해주기만을 바라는 사람을 좋아할 이는 없지요. 혹시 내가 다른 사람이 잘해주는 건 당연하게 여기면서 나 자신은 다른 사람에게 잘해줄 필요를 느끼지 않는 것은 아닌지 잘 생각해보아야 합니다. 또한 자신의 경계가 유지되지 않아서 지나치게 타인 의존적인 사람 곁에도 좋은 사람이 있기가 힘듭니다. 바람직한 방식의 소통이 되지 않고 옆에 있는 사람이 너무 소진되니까요.

　심리학에는 '상처 받았다는 것은 상처 주었다는 것이다'라는 말이 있습니다. '상처 받았다'와 '상처 주었다'는 반대말입니다. 그런데 이것이 등식으로 성립하는 이유는 무엇일까요? '상처 받았다'라는 말을 자주 한다는 것은 자신이 받은 상처에만 주목한다는 것을 말해줍니다. 누구나 자신이 받은 상처에 주목할 수밖에 없지만, 자신이 상처를 줄 수도 있음을 의식하고 있으면 일방적으로 내가 받은 상처에만 집중하지는 않지요. 그리고 그런 이라면 '내가 다른 사람에게 상처를 주었으면 어쩌지' 하고 의식하고 살피느라 상처 받았다는 말을 자주 하지 않을 것입니다. 누구나 상처를 주고받을 수밖에 없음을 알기에 타인들을 모두 자신에게 상처 주는 자리로 밀어넣지는 않게 되지요. 즉 '상처 받았다'는 말을 자주 한다는 것은 자신이 상처를 줄 가능성은 인식하지 못한다는 의미가 됩니다.

타인은 지옥이다

일방적인 사람은 자신이 일방적인 줄을 모릅니다. 일방적인 태도의 단계를 좀 나눠볼 필요가 있겠습니다.

1단계: 나만큼 일방적이지 않은 사람 있으면 나와보라고 해, 남들이 일방적이어서 내가 얼마나 힘든 줄 알아?

2단계: 왜들 그렇게 일방적이냐? 정말 너무해.

3단계: 사람이 참 일방적이기가 쉬운 것 같아. 나는 그러지 말아야 하는데.

4단계: 사람들이 자기가 얼마나 일방적인지 모르더라고. 나도 내가 일방적이면서도 그걸 모를까 봐 두려워.

5단계: 아무리 노력해도 일방적이지 않기는 어려운 것 같아. 그저 남들 불편하게 하지 않으려 노력할 뿐이지.

그래서 사실 자신은 일방적이지 않다고 생각하는 그 사람이 바로 일방적인 사람입니다. 거꾸로 '내가 얼마나 일방적인지 남들은 다 알고 나만 모르겠지'라고 생각하는 사람이 일방적이지 않은 사람이지요. 타인의 일방적인 모습을 보고 화가 많이 날수록 일방적인 사람입니다. 화가 난다는 것은 자신은 일방적이지 않다고 생각한다는 것이고, 옆사람이 자신이 원하는 대로 존재하기를 바라는 것이니 말입니다.

인간은 특별히 노력하지 않으면 타인을 자신의 생각에 맞추려고 하게 됩니다. 이것이 사르트르가 '타인은 지옥이다'라고 한 이유입니다. 우리는 남들만 나에게 지옥을 만든다고 착각하며 삽니다. 내가 만드는 지옥은 보지 못하는 채로 말입니다.

목적이 아니라 결과

우리가 행동을 할 때, 행동의 의미를 모두 파악하고 결과를 완전히 의도하는 것은 아닙니다. 사람들의 행동은 무의식의 영향을 많이 받아 이루어지며, 지나고 나서야 '내가 그랬구나' '내가 그런 행동을 하네' 하고 자각하게 되지요. 그런데 타인들에 대한 소망을 내려놓지 못한 이들은 타인들이 항상 의도적으로 행동한다고, 복잡하고 정교하고 체계적인 의도로 자신을 힘들게 한다고 착각하기도 합니다. 그러나 **사람들은 자기도 모르게 그렇게 행동하는 경우도 있고, 의도하지 않은 결과가 나오는 경우도 많습니다. 결과를 잘못 예측해서 행동하는 경우도 있지요.** 상대방은 그저 자신이 생긴 대로, 자신의 존재 방식대로 존재하고 있을 뿐입니다. 사실 나를 힘들게 하는 것이 목적일 정도로 나에게 관심을 가지는 사람도 별로 없다는 것이 진실일 것입니다. '엄청난 의도가 있었던 게 아니라 결과적으로 그렇게 되었구나' 생각하면 타인들을 이해하기가 쉬워집니다.

여러분도 오해받은 경험이 있을 거예요. 아무 의도 없이 한 일인데 그에 대한 타인의 해석이 상당히 악의적이어서 속앓이를 했던 경험 말입니다. '나를 그렇게 해석하다니 저 사람은 평소에 나를 어떻게 본 거지?' 하면서요. 이 내용은 1부에서 다루었지요. 인간은 자기를 보존하려는 방향으로 생각하기 때문이라고요. 악의로 해석하기 쉬운 경향성을 가지고 있으므로, 우리는 타인을 선의로 해석하려 노력해야 하는 것입니다.

모든 이에게 그러다 보면 사기꾼에게 걸려들 수 있지 않느냐고요? 그러니 한편으로 우리는 경계선을 잘 설정해야 하는 것입니다. 경계선을 설정하는 과정에서 종종 실패를 경험할 수밖에 없지만, 이는 교훈을 얻는 대가로 생각해야겠지요. 몇 번 선의로 해석을 했는데도 그가 내 선의를 이용하려고만 할 뿐 전혀 고마워하지 않는다면, 그런 이에게까지 선의를 전하지 못해 안달할 필요는 없습니다. 만일 이러한 경계 설정이 안 된다면 자아 경계가 불분명한 것일 가능성이 있으니, 심리상담의 도움을 받는 것을 고려해보는 것도 좋습니다.

이러한 경계, 즉 '선의를 어디까지 적용할 것인가'는 그야말로 나의 깜냥에 달린 것입니다. 내가 그 사람에게 선의를 가지려 노력했던 일에 대해 후회하지 않을 마음의 힘이 나에게 어느 정도 있는가를 보아야 하지요. 불교에는 보시布施라는 말이 있습니다. 보시에는 삼무三無의 조건이 붙습니다. 보시를 하는 사람도 없고, 보시를 받는 사람도 없고, 보시되는 물건(마음)도 없다는 조건입니다. 이는 주되 준 것이 업이 되지 않도록 주라는 의미입니다. 업이 되지 않도록 하라는 것은 마음에 자국이 남지 않게 하라는 것입니다. 누가 주었는지 누가 받았는지 무엇을 주었는지를 강하게 생각하는 것은 나에게 '업'이 됩니다. 불교에서 업은 해탈하지 못하고 육도윤회六道輪廻를 하게 만드는 원인입니다.

그렇다고 보시를 무작정 퍼주기만 하라는 것으로 이해해서는 안 되겠습니다. '업이 되지 않게 준다'는 것은 누군가에게 잘해줄 때 되돌아올 것을 기대하지 않을 수 있는 정도로만 잘해주라는 뜻입니다. "내가 너에게 어떻게 했는데?"라는 말을 할 정도가 되면 보시가 아니지요. 내가 '손해보았다'는 생각 없이 어느 정도까지 줄 수 있는지, 그리고 손해볼까를 염려하지 않으면서 그 사람을 얼마나 이해하려고 노력할 수 있는지를 따져보면 내 '선의의 경계'를 가늠해볼 수 있습니다.

다름을 견디는 힘

비판적 사고를 인간관계에 적용할 때 우리는 타인을 이해하는 능력을 높일 수 있습니다. 비판적 사고는 상대방이 내가 원하는 방식대로 존재하기를 바라는 소망을 극복하는 데 도움이 되니까요. 비판적 사고는 타당할 가능성과 타당하지 않을 가능성을 균형적으로 고려하는 것입니다. 타인에 대해서도 그 사람이 타당할 가능성과 타당하지 않을 가능성을 균형적으로 고려해야 오해를 하지 않을 수 있습니다. 오해는 보통 자기중심적 이해 때문에 일어나니까요.

누군가의 행동이 나를 불편하게 하면 나는 그 사람의 행동이 타당하지 않을 가능성만 생각하기 쉽습니다. 비판적 사고는 타당할 가능성도 생각하기를 요구하지요. 반대로 누군가의 행동이 나를 편하게 하면 나는 그 사람의 행동이 타당할 가능성만 생각하면서 그 행동이 다른 사람들을 불편하게 할 가능성을 생각하기 어려워집니다. 이런 때에도 타당할 가능성과 타당하지 않을 가능성을 균형적으로 고려하려고 노력하면 그 사람의 행동이 타당하지 않을 가능성을 점점 더 많이 생각할 수 있게 됩니다.

보통 우리는 나를 불편하게 하는 존재 방식을 가진 사람은 이상하다고 생각하며 상대하지 않으려 하게 됩니다. 가깝지 않은 남이라면 그 사람은 상종할 수 없는 사람으로 치부해버릴 수 있지만, 가까운 친구나 연인이나 배우자에 대해서는 그럴 수 없지요. 내가 지금까지 그 사람을 신뢰해왔고 관계를 맺어왔기에 그가 이상한 사람이 아님을 잘 압니다. 그런데 그 사람이 도저히 내가 이해할 수 없는 말을 할 때는 답답하고 힘이 들지요.

우리는 '다름의 상호대칭성'을 늘 의식해야 합니다. 나에게 그가 다르면 그에게는 내가 다를 것입니다. 나와 다른 사람은 이상한 사람이라고 생각하는 것은 일방적인 생각입니다. 그가 나와 달라 괴롭다면 그도 자신과 다른 나 때문에 괴로울 것입니다. 나에게 그 사람이 너무 느려 보인다면 그 사람에게는 내가 너무 급하게 재촉하는 사람으로 보일 것입니다. 나에게 그 사람이 너무 빡빡한 사람으로 보인다면 그 사람에게 나는 일처리가 느슨한 사람으로 보일 것입니다. 나에게 그 사람이 정리정돈이 안 되는 사람으로 보인다면 그 사람에게는 내가 청소에 집착하는 사람으로 보일 수 있습니다.

비판적 사고로 각각의 가능성을 생각하는 능력을 높이면 이렇게 입장을 바꾸어 생각할 수 있게 됩니다. 비판적 사고를 인간관계에 적용할 때 인간관계를 잘 풀어갈 수 있는 거지요. 나와 다른 사람의 입장이 되어보려고 노력할 때, 다름을 견딜 수 있게 됩니다.

필요한 질문

✦ 어떤 목적을 가지고 그렇게 행동한 것인가? 결과적으로 그렇게 된 것뿐인가?

✦ 목적이 없다면, 나는 어떻게 내 생각을 수정해야 하는가?

심화편 | 삶을 변화시키는 생각 훈련

심리학 책을 읽고 감동해도 그대로 실행하기 어려운 이유

삶의 근본적인 태도를 점검하라

우리는 누군가와 대화할 때 그 사람에게 듣고 싶은 말이 있으면 실제 그 사람이 무슨 말을 하는지에 집중하지 못합니다. 그 사람이 내가 원하는 말을 하는가 하지 않는가에만 관심이 가기 때문입니다. 상대방이 내가 원하는 방식대로 존재하기만을 기대하면 그 기대와 예측이 어긋날 때 상대에게 화를 내게 됩니다. 사실 이것이 모든 갈등의 원인이지요.

바라는 바 없이 관찰하면 상대방의 감정도 보이고 그가 원하는 바를 파악하는 일도 쉬워질 텐데, 우리 모두에게는 마음이 있고 내 마음을 견디는 것만으로도 힘들어 상대의 마음을 제대로 보지 못할 때가 많습니다.

부모가 자녀에게 바라는 바가 있으면 아이의 슬픔이나 힘겨움을 감지하지 못한 채 아이가 자신의 말을 듣나 안 듣나에만 관심을 쏟게 마련입니다. 부모 눈에 아이가 '어떻게 하면 공부를 안 할까' 궁리하는 사람으로 보이게 되는 이유는 딱 한 가지입니다. 아이가 공부를 잘해서 부모의 인생이 성공했다는 상징이 되어주기를 바라기 때문이지요. 사회적으로 성공하는 것은 아이 자신을 위해서도 좋은 일이기 때문에 부모들은 자신이 이런 바람을 가지고 있는 것을 문제시하지 않게 됩니다.

마음의 원형이 손상되지 않도록

그러나 부모가 아이 자신의 삶을 위해 공부하기를 바라는 경우와 자신의 체면을 위해 공부하기를 바라는 경우는 차이가 큽니다. 전자는 세상이 어떻게 돌아가는지를 아이보다 먼저 체험한 인생 선배로서 필요한 조언을 해주기는 하지만 자녀가 공부를 하지 않는다고 화를 내지는 않습니다. 아이의 인생이니 알아서 해야 한다고 여기는 것이죠. 부모로서 알려줘야 할 것은 알려주었으니 화를 내야 할 이유가 없습니다. 그러나 후자는 공부하지 않는 아이의 모습에 화가 날 것입니다. 화가 난다는 것은 바라는 바가 실현되지 않았다는 뜻이지요. 인간은 누군가가 자신에게 바라는 바가 있는지 없는지를 민감하게 느낍니다. 그래서 이 지점에서 갈등이 시작됩니다. 상대방이 나에게 무언가를 바라는 것 같으면 '나를 사랑하지 않는구나' 싶어서 화가 납니다. 누구나 자기라는 존재 자체로 사랑받기를 바라기 때문입니다.

아이 입장에서는 자기가 좋은 대학을 가지 않으면 부모님이 사랑해주지 않을 것 같아 불안을 느끼겠지요. 그러면 무척 슬퍼지고 괴로울 것입니다. 제가 만난 많은 대학생들은 부모님에 대한 양가감정에 시달렸습니다. 현 입시 체제에서 이름 있는 대학에 진학한 학생이라면 부모님의 헌신적인 지원을 받지 않은 경우가 드뭅니다. 그래서 기본적으로는 부모님께 감사한 마음을 가지고 있습니다. 그렇지만 다른 한편으로 부모에 대한 무의식적 증오도 가지고 있지요. 좋은 대학에 가도록 지원해준 것은 감사하지만 사실 거기에는 부모의 욕심도 끼어 있다는 것을 느끼기 때문입니다.

누구나 아무 조건 없이 사랑받고 싶습니다. 아이의 대학입시를 앞둔 부모들은 자녀를 위한다는 명분 앞에서 자신들의 욕심을 보지 못하는 경우가 많습니다. 사실 모든 부모의 마음엔 이 두 가지 마음이 엉켜 있지요. 어느 마음이 더 큰지조차 구분되지 않을 정도로 말입니다. 욕심이 지나쳐 아이에게 공부를 과도하게 강요할 때 아이들은 엇나가기 쉽습니다. 고등학생 때가 아니면 대학생이 되어서, 그도 아니면 취직한 뒤에라도 엇나갑니다.

인간의 마음은 눌려 있다가도 언젠가는 원형을 회복하려 듭니다. 눌려 있던 시간이 길면 원형을 회복하는 과정이 어려워지기도 합니다. 마음의 원형이 손상되었을 때 원인 모를 불면증이나 각종

노이로제 증상에 시달리기도 하고 몸이 자주 아프게 되는 등의 반응이 나타납니다.

　다른 사람과의 관계에서 자기 소망을 보는 것은 중요한 일입니다. 그렇지 않으면 상대방이 내 소망을 실현할 것인가 아닌가에만 관심을 가지게 되고 정작 상대가 무엇을 바라는지는 무시하기 쉽기 때문이지요. 우리 모두가 자기 마음을 들여다보려는 노력을 해야 하는 이유입니다. **내 마음의 움직임을 충분히 느끼면서 타인에 대한 소망적 사고를 내려놓아야 한다는 근본적인 깨달음을 가질 때, 심리학에서 제공하는 여러 가지 조언들이 도움이 될 수 있습니다.**

열린 질문과 반영적 경청

심리학에서는 체인지 토크change talk를 하라든가, 반영적 경청을 하라든가, 열린 질문을 하라든가 하는 소통 방법들을 제시합니다. 이때 상대방에게 내가 바라는 바가 없어야 상대를 있는 그대로 보게 되어서 열린 질문, 반영적 경청, 체인지 토크를 할 수 있게 됩니다. 사람을 대하는 근본적인 태도를 조정하면 이 방법들을 실천하기가 쉬워지는 것이지요.

닫힌 질문: 공부 했어, 안 했어?

열린 질문: 오늘 어떻게 지냈어?

보시다시피 닫힌 질문은 질문자가 생각의 프레임을 유지하면서 하는 질문입니다. 이렇게 질문하면 설사 아이가 공부를 해서 떳떳하다 하더라도 추궁당하는 기분을 느끼게 됩니다. 특정 프레임이 전제된 이러한 질문을 받으면 답변을 하는 사람은 질문자가 자기라는 존재 자체에는 관심이 없고 자신이 공부를 했는가 하지 않았는가만 중시한다는 느낌을 받게 됩니다. 그러나 열린 질문을 받으면 '나에게 관심이 있구나. 내가 어떻게 지냈는지를 궁금해하는구나' 하고 느끼게 됩니다. 열린 질문의 경우에는 대답을 하는 사람이 질문자의 프레임에 갇히지 않고 편하게 하고 싶은 말을 할 수 있습니다.

이렇게 상대방에게 기대하는 바 없이 상대방을 순수하게 궁금해할 때 저절로 열린 질문을 하게 됩니다. 만약 열린 질문을 어떻게 해야 하는지 모르겠다면 스스로 '그동안 무수히 닫힌 질문을 하면서 상대방을 궁지에 모는 대화를 해왔구나' 하고 돌이켜볼 필요가 있습니다. 상대방의 존재 자체를 존중하는 게 무엇인지 고민하면서 열린 질문의 힘을 느껴보시면 좋겠습니다. 그러면 닫힌 질문을 하는 자신의 경향성을 느껴 태도를 조정하면서 점점 더 열린 질문을 할 수 있게 됩니다.

아이: 오늘 희영이가 ○○○○라고 말했는데, 그 말에 예은이가 기분이 안 좋았던 거야. 그래 가지고 ○○○○○ 하는 일이 있었어.

반영적 경청은 지금 내가 경청하고 있음을 상대에게 느끼게 해주는 방법입니다. 듣는 사람이 상대방의 말을 다르게 표현하면서 이해하고 있고 집중하고 있음을 확인해주는 것이지요. 이런 식으로 나의 표현으로 바꾸어 말하다 보면 내가 잘못 이해했을 때 상대방이 조정을 해주기 때문에 소통상의 문제도 덜 생깁니다.

사람은 누구나 표현의 욕구를 가지고 있기 때문에 자신의 말을 귀 기울여 잘 듣는 사람을 좋아하게 마련입니다. 그러나 사람은 듣기보다는 말하는 것을 좋아하기 때문에 자칫하면 서로 자기 할 말만 하는 경우도 생깁니다. 상대방의 말이 끝나야 내가 말할 수 있기에 그 말이 끝나기만을 기다리는 경우도 있고, 심한 경우에는 상대가 말을 끝내지도 않았는데 할 말을 해버리는 경우도 있습니다. 어느 때는 대화에 참여하는 모두가 이런 상태로 모임을 하기도 하지요. 듣는 사람은 하나도 없고 말하는 사람만 있는 모임입니다. 어쩌다 들어주는 사람이 한 명 있으면 그 한 명을 서로 차지하려는 방식으로 대화가 이어지기도 합니다. 반영적 경청의 태도가 몹시 필요한 상황이 되겠지요.

자신이 상대방에게 바라는 바가 무엇인지를 느끼기, 그 마음을 버리려 노력하기, 상대방의 마음에 관심을 가지기. 이 세 가지를 잘 기억해야겠습니다.

상대가 말하도록 하기

체인지 토크란 상대가 말하도록 하는 것입니다. 잔소리처럼 들릴 수 있는 말을 대화 속에서 상대방이 스스로 하도록 만드는 것, 내가 상대에게 하고자 하는 말을 상대가 스스로 하도록 만드는 것이지요. 운동을 하라고 직접적으로 얘기를 하면 누구나 듣기 싫어합니다. 아무리 맞는 말이어도 듣기 싫은 게 잔소리입니다. 그렇기에 상대방의 근황에 대한 대화를 나누다가 운동을 떠올릴 수 있도록 대화의 흐름을 이끄는 방식을 취할 필요가 있습니다. 즉 체인지 토크는 도움이 될 말을 상대방이 수용하기 편한 방식으로 말하는 것이라고 생각하면 됩니다. 내가 잔소리를 하고 싶어 하는 내용이라면 상대방도 그것이 필요하다는 것쯤은 알고 있습니다. 자신도 알지만 하지 못하는 것에 대해 잔소리를 들으면 더 짜증이 나는 법이지요. 그래서 상대방이 짜증나지 않게 하면서 결국 원하는 결과를 가져올 방법을 궁리할 필요가 있습니다. 그 사람의 입장에 서서 충분히 존중하고 공감하며 하는 말은 영향을 끼칩니다.

그런데 이 체인지 토크도 이쪽에서 강한 의도를 가지고 하면 상대방에게 그 의도가 읽히고 거부감을 느끼게 만듭니다. 자기를 조종하려는 듯한 느낌을 받을 수 있지요. 그래서 이 방법을 활용할 때에도 **상대방을 나의 욕망을 실현하기 위한 수단으로 대하지 않는다는 근본적인 원칙이 전제되어야 합니다.** 이는 자기 안의 소망을 제어할 때 가능합니다. 단지 '체인지 토크를 해봐야겠다'고 결심하는 것만으로는 부족한 것이지요. **생각을 검토하지 않고 1차적 생각에 안주하면서 자기 입장에만 매몰되면, 아무리 좋은 심리 기법도 원래의 취지대로 활용할 수 없습니다.**

대화를 하면서 내가 상대방에 대해 어떤 마음을 가지고 있는지를 느껴보세요. 상대방이 내가 원하는 말을 하느냐 아니냐에만 관심을 두면 내가 상대방에 대해 가지고 있는 마음을 들여다보지 못하게 됩니다. 타인에 대한 소망을 내려 놓고 자신의 마음을 들여다보려고 노력하면서 삶의 근본 태도를 점검해야 합니다.

삶에 대한 근본 태도를 변화시키기

심리학 책을 읽고 감동해도 그대로 실행할 수 없는 이유는 삶에 대한 근본적인 태도의 변화가 없기 때문입니다. 나 자신을 존중하고 상대라는 존재 자체를 존중하는 마음이 있어야 심리 기법을 본래의 취지대로 실행할 수 있습니다. 그렇지 않으면 조언을 따르려다가 오히려 갈등을 경험하게 될 우려가 높습니다. 나는 나대로 노력해도 상대방이 나의 노력을 알아주지 않는 것에 화가 나고, 상대방은 상대방대로 나의 어설픈 노력, 즉 근본적인 태도 변화 없이 그래 보이려고만 하는 듯한 모습에 화가 납니다.

인간은 의식적으로 새롭게 사고하고 느끼고 행동하는 습관을 만들 수 있습니다. 자신의 소망적 사고를 해체하려 노력하면서 자신 안의 욕심과 욕망을 보아야 합니다. 비판적 인식으로 소망적 사고를 해체하려 노력하다 보면 소망적 사고가 얼마나 강하게 우리를 지배하는지를 느끼게 됩니다. 그리고 그것이 소망적 사고임을 알 때 그 생각으로 인한 악영향을 줄일 수 있게 됩니다. 이렇게 자신을 휘두르는 소망을 보아야 타인의 소망을 수용할 수 있습니다. 자신의 소망을 보는 만큼 타인과 소통하기 쉬워집니다. 그리고 소망 가운데서 특히 인정 욕구가 얼마나 우리의 삶을 힘들게 하는지를 직시하면서, '남들이 말하는 성공'에 삶의 목적을 두지 않으려는 태도를 가질 때 심리학 책에서 말하는 그 수많은 조언들을 실천할 수 있게 됩니다.

필요한 질문

✦ 내 생각과 마음의 가장 밑바탕에 깔려 있는 나만의 전제는 무엇인가?

✦ 나는 삶에서 무엇을 원하는가?

내 마음을 정말
내 마음으로 하고 싶다면

관찰적 자아를 활성화하자

머릿속에 1차적으로 떠오르는 생각에 이끌려 다니는 삶은 불행합니다. 인간은 자기를 보존해야 한다는 절대명령에 따라, 불행하고 절망적인 현실을 더 크게 부각하는 생각들에 딸려 가기 때문입니다. 머릿속에 떠오르는 생각을 또렷하게 들여다보고 자신이 느끼는 감정을 받아들이면 습관적인 생각에서 벗어날 수 있습니다. 혹시 화가 난다고 해도 자신에게 화를 만들어낸 자신의 믿음을 볼 수 있어야 합니다. 화를 만들어낸 그 믿음이 정말 받아들여야 하는 믿음인지를 생각해보아야 합니다. 그러려면 '내가 지금 왜 화가 나지?'라고 질문해보는 것이 좋습니다. 이렇게 질문하면 생각이 활성화됩니다.

우리는 감정에 대한 태도를 결정할 수 있습니다. 정신건강의학과 의사 김건종은《마음의 여섯 얼굴》에서 "감정은 나 자신과 세상에 대한 깊은 직관을 가장 직접적으로 빠르게 전달해주는 전령이며 이성적 사유 자체를 가능케 하는 기반"이라고 말합니다. 해부학적으로도 우리 뇌에서 생각이 감정에 물드는 경로는 자연스럽고 풍성하나, 생각이 감정을 바꾸는 경로는 빈약하고 부실하다고 합니다. 한마디로 쉽게 되지 않는 것입니다. 그렇지만 1차적 생각을 검토해 적절한 감정을 가지도록 하면 그 효과는 좋습니다. **철학적 성찰력에 기대어 좋은 방향으로 감정을 바꾸는 경로를 풍성하게 만들 필요가 있습니다.**

마음의 기복에
딸려 가지 않기

내가 어떤 상황에서 어떤 생각을 자주 하는 사람인지, 내 생각의 결은 다른 사람과 어떤 지점에서 어떻게 다른지를 많이 느껴보면 내가 감정을 느끼는 방식 자체를 감지할 수 있게 됩니다. 그것이 점점 자기 자신을 알아가는 과정입니다.

심리학자 변지영은《내 마음을 읽는 시간》에서 감정이 만들어지는 과정을 이해하면 내가 느끼는 감정 자체를 바꿀 수 있다고 말합니다. 심리학의 창시자 분트는 인간은 늘 특정한 감정 상태에 있다고 말합니다. 철학자 하이데거도 인간이 '심정성의 존재'라고 하지요. 항상 어떤 기분에 처해 있는 존재라는 말입니다.

《삶이 괴롭냐고 심리학이 물었다》에서는 '매 순간 일어나는 생각과 감정, 감각을 알아차리지 못한 채 기계처럼 지내고 있지는 않은가' 자문해보라고 권유합니다. 마음을 들여다보지 못한 채 마음에 딸려 가기만 하다 보면 마음의 기복에 시달리다 지치게 됩니다. 감정 그 자체가 나는 아닙니다. 오히려 그런 감정을 느끼게 만드는 어떤 '흐름'이 나에 가깝지요. 물론 내가 느끼는 감정은 나의 현재 상태를 말해줍니다. 내 감정이 그렇게 되는 데는 이유가 있지요. 잘못된 판단 때문이든 다른 이유 때문이든 말입니다.

여기서 조심해야 할 것은 자신의 감정에 대해 검열을 해서는 안 된다는 것입니다. 이 감정은 느껴도 되는 감정이고 저 감정은 느끼면 안 되는 감정이라는 선입견을 안고 있으면 마음에 부담이 생깁니다. 감정은 감정대로 존중하고 그저 느끼되, 그 감정에 따라 즉각적인 행동을 하지 않도록 잘 살펴야 합니다. 부정적 감정에 대해서는 감정 자체를 존중하고 그 감정을 느끼게 된 이유를 잘 살펴서 그것을 해결하는 방향으로 노력해야 하고, 혹시 그런 감정을 느껴야 할 이유가 없음에도 느낀다면 잘못된 인식을 바로 잡는 과정을 거쳐야 합니다.

투수가 변화구 연습을 할 때, 여러 번 던질수록 뇌에서 팔로 가는 신경 구조가 잘 발달되어서 더 정확하게 변화구를 구사할 수 있게 됩니다. 생각도 마찬가지입니다. 나쁜 생각을 자주 하면 자신도 모르게 실수를 하게 될 확률이 높아져서 나쁜 결과를 가져오게 됩니다. 부정적인 생각으로 직진하는 지름길이 뇌에 새겨지는 것은 피해야 합니다.

논리를 비트는 심리를 의식하다 보면 다음과 같은 물음이 마음 속에 떠오릅니다.

- 내가 지금 왜 이렇게 반응하는 거지?
- 왜 이런 느낌이 드는 거지?
- 왜 나는 그렇게 생각했지?
- 나는 뭘 두려워하고 있는 거지?

생각을 검토하고 그 생각을 불러오는 심리를 검토하다 보면 그 심리를 가능하게 하는 다른 생각을 만나게 되고 또 그런 심리를 형성하는 무의식을 들여다볼 수 있습니다.

대체로 부정적인 감정을 느끼게 되는 것은 무엇을 피하려는 소망이 있기 때문입니다. 내면을 깊이 들여다보지 않는 데는 그렇게 되는 이유가 있습니다. 그 이유를 아는 데 심리학 책이 도움이 됩니다. 심리학의 도움을 기반으로 자신의 내면을 들여다보아야 자신을 파악할 수 있게 됩니다. 사실 부정적인 생각이 나를 지배하고 있다는 것을 알아차렸다면 이미 그 영향력에서 한 발 물러선 상태입니다. 이미 자신의 생각 패턴에 대한 상위인지를 하고 있는 것이

죠. 1부에서 인간의 인식은 부정적인 측면에 주목한다는 것을 지적했습니다. 이를 염두에 두고서 상위인지를 한다면 인식의 균형을 잡는 노력을 더 잘할 수 있습니다.

생각을 또렷하게 들여다보고 자신이 느끼는 감정을 받아들이는 것은 심리학에서 말하는 **관찰적 자아**가 활성화되어야 가능한 일입니다. 정신건강의학과 의사인 채정호는 《퇴근 후 심리카페》에서 "삶의 외면적 상황이 아닌, 삶의 내면으로 들어가서 삶을 경험하는 것은 자신을 다른 관점으로 바라볼 수 있는 좋은 기회다. 심리학 용어로 말하자면 관찰적 자아가 생기는 것이다"라고 말합니다. 관찰적 자아는 결국 '자기 자신을 메타적 차원에서 살펴보는 나'입니다.

지금까지 계속 이야기해온, 생각을 검토하고 마음을 들여다보는 것이 바로 관찰적 자아를 발달시키는 일입니다. 생각에 관한 생각을 잘하는 것이 곧 관찰적 자아가 활성화되는 과정인 것이죠. 관찰적 자아를 활성화한다는 것은 감정에 빠져 허우적대지 않고 자신의 감정을 알아차리는 것입니다. 우울을 느낄 때 '왜 나는 이렇게 우울하지'라는 생각에 빠져 우울감을 증폭시키는 것이 아니라 자신의 우울한 기분을 알아차리는 것, 어떤 생각을 덧붙이지 않고 그대로 알아차리는 것입니다. '아 내가 우울하구나'라고 느끼는 것이지 '왜 우울하고 난리야'라든가 '이러다가 나는 도태되고 말 거야' 같은 추가적인 생각을 덧붙이지 않는 것입니다. 내 감정에 대해 어떤 전제를 가지거나 그 감정을 느끼는 것을 죄악시하지 않는 것입니다. 즉 '우울하지 말아야 한다'라는 전제를 깔고 나 자신을 보는 것이 아니라, 그냥 있는 그대로의 나를 보는 것입니다. '이래야 한다' '저래야 한다'라는 기준을 적용시키지 않는 것입니다.

많은 심리학자나 정신의학자가 감정을 곧 나라고 생각하지 말라고 조언합니다. 감정은 파도처럼 마음에서 끊임없이 일어났다가 사라지는 것입니다. 감정을 느끼는 것은 지극히 정상적입니다. 그런데 부정적인 감정의 경우 많은 사람들이 그저 그 감정을 피하고만 싶어 하여 더 문제가 됩니다. 살다 보면 부정적 감정을 느낄 때도 있다는 여유를 가질 필요가 있습니다. 오히려 부정적인 감정을 통해 내가 누구인가를 더 잘 확인할 수도 있습니다. 어떤 부정적 감정을 주로 느끼는지, 그 부정적 감정을 어떻게 처리하는지 등의 태도를 파악함으로써 나의 특수성을 확인할 수 있지요.

나를 메타적 차원에서 살펴보는 과정은 욕망과 소망에 매몰되지 않게 해줍니다. 즉 자신의 욕망과 소망을 관찰하는 과정을 통해 욕망과 소망의 영향을 덜 받게 해줍니다. 삶에 대한 자신의 소망에 딸려 가지 않아야 현재 자신의 삶을 지나치게 마음에 들어 하지 않는 고통을 느끼지 않을 수 있습니다. 자신의 삶을 어느 정도는 수용할 줄 알아야 자신의 삶을 원하는 방향으로 끌어갈 아이디어도 생각할 수 있습니다. 그렇지 않으면 자신의 삶을 마음에 안 들어 하는 데 모든 마음의 에너지를 쓰게 됩니다. 누구의 삶에든 아쉬운 측면이 있을 수밖에 없습니다. 그 아쉬운 측면에만 너무 집중하고 있으면 남들은 모두 행복한 것 같고 나만 불행한 것 같은 착각에 빠지게 됩니다.

마음을 돌보는 생각

상위인지 능력이 향상되면 생각이 유연해집니다. 생각이 유연해 진다는 것은 한 가지 방식으로만 상황을 바라보지 않는다는 의미 이지요. 상위인지를 하지 못하고 한쪽으로만 바라보며 다른 가능 성을 생각하지 못하는 데에는 이유가 있습니다.

첫째는 소망적 사고 때문입니다. 사람은 원하는 가능성은 잘 생 각하지만 원하지 않는 가능성은 잘 생각하지 못합니다. 두 번째 이 유는 원하지 않는 가능성에 대한 우리 마음의 친화성이 너무 낮다 는 것입니다. B의 가능성이 있음을 충분히 알고 B로 생각을 이끄 는 것이 합리적임을 이해하는데도 자신이 A에만 마음을 빼앗긴다 는 것을 인식한다면 심리상담 등의 방법으로 자신의 심리적 특징 을 이해하려는 노력을 할 필요가 있습니다.

심리적 특징이 이성의 작용을 방해하는 것만 조절하면 이성은 잘 작동할 수 있습니다. 사실 우리가 생각하는 능력이 부족해서 생 각을 못하는 것은 아닙니다. 인간은 기대만큼 이성적이지는 않지 만 생각보다는 이성적입니다. 다만 자신의 심리적 특징이 생각에 어떠한 영향을 끼치는지를 모르기에 생각을 합리적으로 하지 못할 때가 있는 것입니다. **생각을 검토하려는 노력을 하다 보면 점점 더 나라는 존재를 좋은 방향으로 이끄는 좋은 생각을 하게 됩니다.**

어떤 경우에는 고집스럽게도 진실을 보지 못하는 경우가 있습니다. A=B라는 것도 알고 B=C라는 것도 아는데 A=C라는 당연한 진실을 마주보지 못하는 것입니다. 자신이 진실을 보지 못할 수도 있다는 것, 남들보다 특별히 못 보는 진실이 있다는 것을 인정하고 자신의 심리적 특징을 이해하면 좀 더 자기 자신으로 살 수 있습니다. 자신을 발전시키기 위해서라도 자신이 못 보는 진실을 보려고 노력해야 합니다. 이렇게 상위인지 능력을 높이려고 노력하다 보면 진실에의 직면이 갑자기 이루어지기도 합니다.

TV에서 부부 상담을 해주는 프로그램을 본 적이 있습니다. 남편은 고집스럽게 자신의 방식을 고수하던 사람이었습니다. 그런데 30년이 넘는 결혼생활을 상담가와 함께 되짚으며 자신에 대한 새로운 진실을 직면하게 되었습니다. 드디어 아내의 입장에서 생각할 수 있게 된 것입니다. 그렇게도 입장 전환이 안 되어 아내와 싸우고 또 싸우던 사람이 말입니다. 그전까지 남편은 아내가 본인 입장에서만 말을 한다고 느꼈고, 남편인 자신을 인정하지 않으며 자길 힘들게 한다고만 생각해왔습니다. 이런 경우, 대부분의 남편들이 아내의 말을 수용하려면 자신의 체면이 깎이기에 아내의 말이 맞다고 인정하는 것을 자신도 모르게 피하게 됩니다. 그런데

심화편 | 삶을 변화시키는 생각 훈련

결혼생활에 대해 타인들에게 말하고 조언을 듣는 등 객관화해보는 경험을 하니 갑자기 깨달음이 온 것입니다. 갑자기 자신의 입장을 넘어서서 생각할 수 있게 된 것이죠. 이것은 인간에게 있는 상위인지 능력 때문입니다. 자기 생각과 다른 생각을 접해보는 경험을 통해, 자기 생각을 다른 사람에게 말해보는 경험을 통해 상위인지 능력이 활성화된 것입니다.

지금이라도 그럴 수 있어 다행이기는 하지만 30년이나 지나기 전에, 결혼 생활 3~5년쯤에 이렇게 입장을 바꾸어 생각할 수 있었다면 두 사람은 더 행복한 결혼생활을 해오지 않았을까요? 더 일찍 깨닫지 못한 것은 그간 상위인지 능력을 활성화하지 못했기 때문입니다.

진실을 진실로 볼 수 있게 하는 것은 생각의 힘입니다. 또한 노력으로 변화를 가져올 수 있는 부분도 생각의 영역입니다. 일부러 자신의 경향성과 반대되는 생각을 해보고, 타인의 입장에서 생각해보아야 자신의 우물을 벗어날 수 있습니다. 무의식적인 부분을 들여다보려 해도 자신의 존재 경향성, 즉 생각 패턴과 행동 패턴에 대한 상위인지 작업이 필요합니다. 비판적 사고를 적용하는 상위인지는 '참이 아닌데도 내달리기 쉬운 방향으로만 내닫는 생각', 즉 1차적 생각을 균형 잡힌 인식으로 바꿔줍니다.

논리적으로 생각하려고 노력할수록 심리와 무의식을 느끼게 되는데, 이렇게 **자신의 마음의 생김새를 느껴봐야 마음을 돌보는 생각**

을 할 수 있게 됩니다. 심리적 왜곡을 피하려 하면서 자신의 무의식을 들여다보려고 노력하면 점점 더 자신의 존재에 도움이 되는 생각을 할 수 있습니다. '나는 왜 이 모양 이 꼴이지?' '저 사람은 도대체 왜 그러는 거야?'라는 답답한 마음에 치우치는 것이 아니라 다음과 같은 질문을 차분히 해보는 방식으로 말입니다.

- 나는 왜 나를 이렇게 마음에 안 들어하지?
- 저 사람이 저러는 데는 이유가 있을 텐데 그 이유는 뭘까?
- 지금 내가 이렇게 반응하면 내가 원하는 결과가 나올까?
- 내가 못 보고 있는 측면은 없나?
- 지금 내 생각은 문제를 풀어가는 생산적인 생각인가?

에피쿠로스는 말했습니다. "즐거운 삶이란 냉철하게 이성적으로 생각하고, 무엇을 선택하거나 회피하는 근거를 찾고, 영혼을 잠식하는 잘못된 믿음을 없애는 데서 얻을 수 있다." 영혼을 잠식하는 잘못된 믿음은 '타당할 가능성과 타당하지 않을 가능성을 동시에 균형적으로 생각하려는 노력'으로 없앨 수 있습니다.

마음을 돌보는 생각을 할 수 있는 힘은 우리에게 있습니다. 지나치게 소망에 매몰되지 않으려 노력하면서, 자신의 마음의 생김새를 느껴가면서 스스로에게 이 책에서 언급해온 질문들을 던지다 보면 조금씩 자신의 마음을 들여다보게 됩니다. 그러면 조금씩 더 자신의 마음을 돌볼 수 있게 됩니다. 좋은 생각은 마음을 돌보고 인생을 바꿉니다.

필요한 질문

✦ 나는 타인으로부터 무슨 말을 듣는 것을 가장 싫어하는가?

✦ 내가 내 인생에서 가장 원하는 것은 무엇인가?

나 자신을 알기 위한
질문법

지금까지 마음을 가리는 생각을 걷어내고 마음을 밝히는 생각을 하도록 노력해왔습니다. 마음을 속이는 1차적 생각, 생각을 속이는 1차적 마음 등을 구분하고 철학적 사고로 좋은 생각과 판단을 하는 방법을 알아봤지요.

어떤 문제에 봉착했을 때 지금까지와 동일한 방식으로 생각을 해서는 지금까지 해결하지 못한 문제를 해결하기 어렵겠지요. 문제를 다른 시선으로 볼 줄 아는 능력이 필요합니다. 그래서 독자 여러분이 실제 일상에서 적용해볼 수 있는 질문법을 정리해봤습니다. 첫 번째는 특정한 상황에서 잠시 멈추어 질문을 이어가며 명료한 판단을 하는 연습입니다.

Q **지금 내가 왜 기분이 나쁘지?**
A 그 사람 말이 불쾌한 것 같아.

Q **그 사람 말 중 뭐가 특히 불쾌하지?**
A ○○○○라고 한 말이 그런 것 같아.

Q 그 말이 왜 불쾌했을까? 그런 말을 들으면 내 기분이 어떻지?

A ○○○○한 것 같아.

Q 다른 사람도 그럴 때 똑같이 느낄까?

A

Q 나는 무슨 생각을 하기 때문에 그렇게 느끼는 걸까?

A

Q 그럼 그렇게 생각할 수밖에 없는 걸까? 아니면 다르게 생각할 수도 있는 걸까?

A

Q 그렇게 생각할 이유가 있나? 다르게 생각할 수는 없나?

A

Q 나처럼 생각하는 게 더 말이 되나? 아니면 다르게 생각하는 게 더 말이 되나?

A

이러한 자문자답은 나를 알아가는 데, 그리고 내 생각이 어느 방향으로 나아가는지를 아는 데 무척 도움이 됩니다. 내 생각의 패턴을 파악한다는 것은 참 중요한 일이지요. 자신을 이끌어가는 소망이 무엇인지를 파악할 수 있게 되기 때문입니다. 나 자신을 좌우하는 소망이 무엇인지를 알면 그 소망에 따르는 것이 좋을지 안 좋을지를 판단할 수 있습니다. 그래서 결국 내가 나를 원하는 방향으로 이끌어갈 수 있게 됩니다.

다음은 일상에서 습관적으로 떠올리면 좋은, 나를 철학적 사고로 이끄는 질문들입니다. 이러한 질문들을 던지면서 습관적으로 혹은 감정적으로 처리했던 문제들을 되짚어보세요.

◯ 나는 근거의 참 거짓에 따라 나의 결론을 수정할 수 있나?

◯ 근거에 따라 수정한다면 결국 이것은 어떤 결론이 되지?

◯ 내가 결정한 대로 행동하면 어떤 결과가 나오게 될까?

◯ 내가 그 행동을 하지 않기로 결정한다면, 무슨 일이 일어날까?

◯ 우리가 지금 이 관계 속에서 이 결정을 내리게 된다면, 이는 우리 관계에 무엇을 의미하게 될까? 과거에 이와 유사한 결정을 내렸을 때 나타났던 결과는 무엇이었지? 그 사이에 바뀐 상황은 뭐지?

◯ 이 문제를 무시하게 되면 나타날 수 있는 결과에는 어떤 것이 있지?

◯ 내가 살아온 방식대로 그대로 살아갈 경우 내가 직면할 수 있는 결과 중 가장
  부정적인 결과는 무엇일까? 또 가장 긍정적인 결과는?

◯ 내가 느끼는 부정적 감정은 정확히 뭘까? 화가 난 것? 슬픈 것? 수치심?
  모욕감?

◯ 내가 지금 그러한 부정적 감정을 느끼는 진짜 이유는 뭘까?

실전편

일상에
철학 적용하기

3부에서는 지금껏 배워온
철학적 사고를 일상의 문제에
적용하는 연습을 해볼 거예요.

나의 문제는 철학적으로
어떻게 접근하고 고민해야 할까요?
구체적인 사례가 있다면 큰 도움을 받을 수
있겠지요. 그동안 직장에서, 가정에서,
여러 가지 대인관계 문제를 겪는 분들에게
자주 받았던 질문을 토대로 하여 여러분이
생각의 힘을 일상에 적용할 수 있도록
3부를 구성했습니다.

다른 분들의 고민을
살펴보면서 내 고민을
돌아보고, 철학적 사고를
통해 해결의 실마리를
얻어보세요.

직장에서 팀장으로 일하고 있습니다. 그런데 팀원에게 무슨 말을 하기가 어렵습니다. 그냥 사실 확인차 질문을 해도 불편해하는 듯 보입니다. 저로서는 '질문도 못하나' 하는 생각도 듭니다. 도대체 무슨 말을 어떻게 해야 원활하고 편안한 소통이 될까요? 너무 답답합니다.

묻는 사람은 사실을 확인하기 위해 단순하게 '팩트'를 물었는데 듣는 사람에게는 그렇게 들리지 않는 경우가 많습니다. 우선 우리 모두는 '자기 잘난 맛을 확인하고 싶어 한다'는 것을 상기해주세요. 자기 잘난 맛을 확인하고 싶은데 사실 확인과 관련한 질문이 들어오면 일단 별로 반갑지가 않습니다. 질문이 나에 관한 관심에서 온 것이 아니라 '내가 어떤 일을 했는가 하지 않았는가'를 확인하기 위한 것이니까요. 이 과정에서 내가 잘못한 것이 드러날 가능성마저 있지요. 이는 자기 보존을 원하는 인간에게 약하게나마 경보가 울리는 상황입니다. 마음속으로부터 저절로 '나는 잘못한 것 없는데?' 하는 방어적 태도를 취하게 됩니다. 그래서 묻는 사람에게는 별 것 아닌, 사실 확인을 위한 질문도 답변을 해야 하는 사람에게는 추궁으로 느껴질 수 있습니다. 어떤 행위를 수행했느냐 하지 않았느냐의 문제는 나의 '책임'과 연관되기 때문에 미리 몸을 사리게 되는 것입니다.

특히나 질문자가 권력관계에서 상위인 경우 이 경향은 더 강해질 수밖에 없습니다. 답변하는 사람 입장에서는 이전에 추궁을 당해본 적이 있거든요. 추궁당하기 싫은 마음은 '추궁당하면 어쩌지' 하는 염려의 마음을 키우고, 이 염려는 추궁이 아닌 것도 추궁으로 느껴지게 만듭니다. 인간은 인정받고 싶은 마음을 기본적으로 가지고 있어서 그렇지요.

그러므로 팀장-팀원처럼 위계가 있는 관계라면 질문을 할 때 팀원에게 그런 기분이 들 수도 있음을 의식하고, 어떤 표현을 사용해야 추궁당하는 기분이 들지 않을 것인가를 배려하면서 표현을 고르는 것이 좋습니다.

물론 표현만 중요한 것은 아닙니다. 우리는 대화를 맥락 속에서 이해합니다. 동일한 표현이라도 어떻게 받아들이느냐는 사람마다 다릅니다. 말이란 내용만으로 해석되는 것이 아니니까요. '말귀를 알아듣는다'는 것이 말의 내용을 이해했다는 것만을 의미하지 않지요. 말과 말이 왜 이렇게 연결되고 있는가, 즉 말의 연결 속에서 말하는 사람의 의도를 파악하는 것을 말하지요. 영어에도 'read between the lines'(행간을 읽다)라는 표현이 있습니다. 말 자체에만 매달리면 답답한 상황이 연출될 수 있습니다. 달을 가리키는데 손가락만 보는 것과 같은 상황이 올 수 있는 것이지요.

그런데 이 맥락을 이해할 때 상대방이 나에게 평소에 보인 태도를 기반으로 상대방에 대한 인상을 가진 상태에서 이해하게 된다는 것에 주의해야 합니다. 상대방이 평소에 나를 별로 좋아하지 않는다고 느낀다든가, 무언가 편하지 않다고 느낀다든가 하면 대화의 맥락이 긍정적으로 이해되기 어렵지요. '또 무슨 꼬투리를 잡으려고 그러나' 싶은 것입니다. 그러면 좋은 얘기도 좋지 않게 들릴 위험이 생깁니다. 그래서 철학에서는 '팩트 그대로 인식하는 것이 가능한가' 하는 논쟁이 많습니다. 인식할 때 이미 우리 마음에는 어떤 경향성이 있고 그 경향성에 따라 인식을 하기 때문이지요.

대화는 변수가 많이 개입되는 복잡한 과정입니다. 대화 당시의 객관적 여건, 말하는 사람이 듣는 사람에 대해 가진 평소의 마음가짐, 듣는 사람이 말하는 사람에 대해 가진 평소의 마음가짐, 표현을 선택하는 나의 마음 상태와 그 표현을 듣는 상대방의 마음 상태, 말과 말이 이어지는 맥락 등등이 종합적으로 연관됩니다. 사람의 심리, 대화의 맥락 등에 대한 이해가 필요하지요.

이렇게 복잡한 과정이기는 하지만 **대화의 기본은 결국 '상대방의 마음을 궁금해하면서 듣는 것'입니다.** '당신의 마음은 중요하지 않으니까 내가 듣고 싶은 말을 해'라는 태도가 아니라, '지금 하는 말을 통해 전하고 싶은 네 마음은 무엇이니'라는 태도가 필요합니다. 바로 이것이 상대방을 존중하는 태도이지요. 대화의 비결은 내 안에 있는 인정 욕구를 바라보고, 상대방이 내가 원하는 인정을 해주기를 바라는 마음을 제어하면서, 상대방의 마음을 궁금해하는 태도를 견지하는 것입니다.

저 역시 나이를 먹을수록 어른 노릇하기 힘들다는 말이 실감나고, 상황마다 어떤 말이 적절할지 더 고민됩니다. 나이가 들수록, 직위가 높아질수록 말에 힘이 실리기 때문에 내가 하는 말이 어떤 결과를 가져올지 신경을 써야 하지요. 직장 내 소통은 권력관계 안에서 이루어질 수밖에 없으니, 팀원이 그러한 관계 안에서 반응할 수밖에 없다는 것을 염두에 두고 표현을 골라보시면 좋을 듯합니다.

사람들은 왜 꼰대가 될까요? 꼰대에 대처하는 방법이 있나요? 저도 꼰대가 될 수밖에 없을까요?

인간의 인식 경향성으로 보아 나이 들수록 꼰대가 되는 것을 피하기 어렵다고 저는 말씀드리고 싶습니다. 사람은 자신이 옳다는 자기만의 우물에 빠지기가 쉽습니다. 무엇이 사실인지를 면밀하게 따지기보다는 자기에게 편리한 것이 사실이자 진실이라고 믿고 싶어 합니다. 즉 누군가가 마음에 안 들면, 그 사람이 타당할 가능성과 타당하지 않을 가능성을 균형적으로 고려하기보다는 그 사람이 타당하지 않을 가능성에 집중하게 됩니다. 누군가가 마음에 들면 그가 타당할 가능성에만 집중하지요. 사람들이 꼰대가 되는 이유는 자신의 생각이 타당하지 않을 가능성을 생각하는 능력이 떨어지기 때문입니다.

사람들은 대체로 '남들은 다 객관적으로 인식하지 못해도 나만은 객관적으로 인식한다'라고 생각합니다. 왜일까요? 자신이 객관적으로 인식하지 못한다는 것을 파악할 능력이 없기 때문입니다!

그래서 그렇게 여러분의 옆사람들이 말이 안 되는 소리들을 하고 사는 겁니다.

'더닝 크루거 효과'라는 심리학 개념이 있습니다. (더닝 크루거라는 사람이 발견해 이름을 붙인 효과인데, 저는 제가 발견했다고 오래도록 생각했었답니다.) 무능한 사람은 오히려 자신의 잘못을 보지 못하고 유능한 사람이 오히려 자신의 잘못을 보며 자책하는 것을 말합니다. 똑똑하지 못한 사람은 자신이 어디서 잘못했는지를 파악할 능력이 없어서 자신이 잘못했다는 것을 알아차리지 못합니다. 그래서 자신의 문제를 해결해나가지 못해 무능한 사람이 되는 것이죠. 그런데 똑똑한 사람은 자신이 잘못한 것을 빨리 알아차립니다. 그래서 자신의 잘못을 극복해가지요. 그래서 유능한 사람이 됩니다.

나이가 들면 꼰대가 되기 쉬운 이유는 나이가 들수록 권위를 가지게 되기 때문입니다. 권위를 가진 사람 앞에서 '그 생각은 틀렸다'라고 지적해주는 사람은 별로 없지요. 모두들 그냥 기가 막혀 입을 다물 뿐이죠. 그런데 정작 당사자는 다른 사람들이 별말 없으니 자기 생각이 옳은 줄 압니다. 사람들 대부분은 자신이 옆사람을 편하게 해주고 옆사람의 말을 잘 받아들인다고 여깁니다. 다른 사람들이 자신의 권위 때문에 말을 하지 않을 수 있다는 사실, 자신의 존재 방식 자체가 옆사람의 입을 막을 수 있다는 사실은 꿈에도 생각하지 못합니다. 그렇게 계속 자기 생각에 안주하다 꼰대가 되는 것이지요. 인간의 자연적 인식 경향상 자신이 타당하지 않을 가

실전편 | 일상에 철학 적용하기

능성은 생각하기 어렵습니다. 그러니 꼰대가 되지 않으려고 노력하는 것은 매우 어려운 일입니다. 자연적 경향성을 거슬러야 하니 말입니다.

나이가 들수록 경험치가 높아지는 것도 꼰대가 되는 이유입니다. 사람은 자신의 경험이 현실에서 힘을 발휘할수록 자신의 경험의 범위를 넘어서서 사고하지 않게 됩니다. 힘들게 얻은 경험치가 주는 안정감에 안주하고 싶어집니다. 그러고는 자신의 말이 옳다고 하는 사람들 틈바구니에서만 지내게 됩니다. 나와 생각이 다른 사람들과 섞일 기회, 대화를 나눌 기회를 가지려면 특별한 노력을 해야 하는데 그런 노력을 하게 되지 않습니다. 유튜브 알고리즘처럼 관심 있는 얘기, 좋아하는 얘기만 들으면서 확증편향에 빠지기 쉽지요. 내 말이 틀릴 가능성은 생각하지 않고 내 말이 맞을 이유만 자꾸 수집합니다. 그래서 내 말이 맞는다고 정당화하는 데 도움되는 것만 귀에 들리고 눈에 들어오는 상황에 처하게 됩니다.《뇌는 팩트에 끌리지 않는다》라는 책도 있듯, 뇌가 끌리는 얘기에만 딸려 가면 꼰대가 됩니다. 이와 반대로 철학은 팩트를 보라고 요구하고 뇌가 끌리는 것에만 따라가지 말 것을 요구합니다.

뇌가 끌리는 것에만 따라가지 않으려면 '내 생각이 이상한가?'라는 질문을 지속적으로 해야 합니다. 그러려면 머리가 아프지만, 이 머리 아픈 일을 지속해야 꼰대가 되지 않을 수 있습니다. 자기 말에 토를 달 수 있는 사람이 많지 않은 자리에 있는 사람일수록 누군가로 하여금 자기 말에 토를 달도록 권장해야 합니다. 그러기 위한 노력으로 저는 다음을 권유하고 싶습니다.

① 어떤 모임에서든 가장 나이 어린 사람부터 발언권을 준다.
② 무엇에 대해서든 타당할 가능성과 타당하지 않을 가능성을 동시에 균형적으로 고려한다.
③ 습관적으로 '다른 가능성은 없는가?' 묻는다.
④ 자신의 말에 '토를 다는' 사람이 있을 때 얼마나 기분이 상하는지, 그를 얼마나 억누르고 싶은지 느껴본다.
⑤ 자신의 말에 가장 강력한 비판을 하는 사람에게 상을 준다고 공언하고 이를 실천한다.

결국 꼰대가 되지 않으려면 철학적 성찰을 하려는 노력을 해야 하는 것입니다. 누구에게든 내 말이 틀릴 가능성을 말해보라고 할 수 있는지, 내 말이 틀릴 가능성에 대한 얘기를 듣고 기분 나빠하지 않을 수 있는지 가슴에 손을 얹고 생각해보아야 합니다. 내 말이 틀릴 가능성에 대한 얘기를 들으며 이러한 얘기 덕분에 나의 우물이 넓어질 수 있다고 환영하는 마음을 가지려 노력해야 합니다.

꼰대가 되지 않으려 노력할수록 다른 사람과 소통하기 쉬워집니다. 꼰대가 되지 않을수록 타인들과 함께 하는 기쁨을 누릴 수 있습니다. 그렇지만 궁극적으로 나 자신이 꼰대일 수밖에 없음을 인정해야 합니다. 나는 꼰대가 아니라는 소설을 쓰면 곤란합니다.

노력하지 않으면 꼰대가 된다는 진실을 생각하시고, 이미 꼰대가 되신 분들을 너무 답답하게 여기지 마시기를 권유합니다. 너무 답답하게 여기면 더 소통하기 어려워집니다. 아무리 노력해도 나 역시 어쩔 수 없이 꼰대가 되는 날이 옵니다. 일단 꼰대가 되는 것은 자연스러운 일임을 받아들일 필요가 있습니다. 꼰대에 대한 대처의 기본은 '그도 꼰대가 되고 싶지는 않았을 것이다'라고 생각하는 것입니다. 그래야만 그 사람과 말할 거리가 생깁니다. '당신과 같은 꼰대와는 대화하기 싫어요'라는 마음을 가지고 있으면 대화가 될 리 없습니다.

스스로가 꼰대일 수 있다는 생각을 전혀 하지 않는 사람, '날 보고 꼰대라고 하는 사람들은 몽땅 잘못된 인간들이다'라고 생각하는 사람과는 대화를 제대로 나누게 될 가능성이 거의 없다고 보아야겠지요. 일단 이런 이들과의 대화에서는 소통의 기대치를 낮추어야 합니다. 내 말이 잘 먹히지는 않으리라고 생각하되, 그래도 이런 이들도 대화를 하고 싶어 한다는 것만은 잊지 말아야 합니다. 소통의 기대치를 낮추어 소통이 가능한 범위에서 소통하겠다고 생각하고 너무 욕심부리지 않는 것이 좋습니다.

누구하고 대화를 하든 상대방의 입장이 되려고 해보아야 소통이 됩니다. 꼰대의 심리를 이해해야 꼰대와 대화할 수 있습니다. 꼰대의 심리는 '인정받고 싶다'는 것이니 인정해줄 것을 인정하면서 상대방 귀에 들릴 표현을 선택하는 지혜를 발휘해야 합니다.

'꼰대는 싫다'는 마음에 매몰되지 말고 나도 언젠가는 꼰대가 된다는 생각으로 스스로를 다독이는 것이 필요합니다. 나보다 먼저 꼰대가 된 이들을 답답해할 시간에 새로운 경험을 하는 등 내가 꼰대가 되지 않을 노력을 해볼 것을 권하고 싶습니다.

실전편 | 일상에 철학 적용하기

직장 동료가 제가 불편하답니다. 저야말로 그 사람이 힘들게 하는 것을 참고 있었거든요. 적반하장이라는 생각이 듭니다. 어떻게 해야 이 사람과 문제 없이 지낼 수 있을까요?

나는 옆사람을 힘들게 하지 않는다는 착각은 굉장히 흔합니다. 팀원들에게 욕먹는 직장상사는 자신이 팀원들에게 스트레스를 주는 사람이라고 생각할까요? 자신이 그런다는 것을 깨닫는다면 스트레스 주는 성향을 유지하지 않겠지요. 자신이 그렇게 '쪼는' 것이 그 팀원의 발전을 위해 어쩔 수 없다고 판단하는 경우가 아니라면 말입니다. 즉, 대부분의 직장상사들은 자신이 스트레스를 주는 측면은 의식하지 못하기에 자신이 팀원을 야단치지 않고 봐주는 일들만 떠올리며 팀원들의 불평을 의아해하기 마련입니다.

누구나 옆사람을 힘들게 하고 싶어 하지 않습니다. 옆사람과 잘 지내고 싶어 하지요. 스트레스를 받는 입장에서는 상대방이 스트레스를 준다고 느끼겠지만 그 상대방은 그저 자신의 존재 방식대로 존재하고 있을 뿐입니다.

한번 생각해보죠. 누군가가 여러분에게 '당신의 존재 방식이 불편하다'라고 한다면 어떤 느낌이 들까요? '내가 뭘 했다고 불편하대? 내가 얼마나 자기를 배려하고 있는데?'라는 생각이 들 가능성이 높습니다. 최선을 다해 그를 배려하고 있건만 그는 그 배려는 알지도 못한 채 불편했던 몇 번의 경험으로 싸잡아 날 비난하는 것 같습니다.

이 상황을 관통하는 원리적 인식은 무엇일까요? '모두는 각자의 존재 방식대로 존재하지만, 그것이 누군가에게는 불편을 줄 수 있다'는 것입니다. 당신이 그 사람으로 인해 불편을 느꼈다면 역으로 그 사람 역시 당신으로 인해 불편을 느꼈을 가능성이 높다고 보아야 합니다. 일단 내가 그 사람으로 인해 불편을 느꼈다면 그 사람과 내가 결이 안 맞는 부분이 있다는 뜻이니 말입니다. 우리는 이 부분을 놓치기 쉽습니다.

누군가가 나를 불편해한다면, 뒤집어 말해서 내가 의도하든 의도하지 않든 나의 존재 방식이 그를 불편하게 만드는 것입니다. '내가 뭘 어쨌다고 불편하단 말인가' 하는 억울한 마음도 들고, '나를 불편해하는 그 사람이 이상하다'는 생각도 들 것입니다. 하지만 지금 중요한 사실은 그 사람에게 내가 불편한 존재라는 것입니다. 사람이 사람을 불편하게 여기는 데 옳고 그름은 없습니다. 남들 같으면 전혀 불편해하지 않을 상황을 그 사람이 불편해하고 있는 것이고 설사 그 사람이 일반적이지 않다고 해도, 그 사람에게 내가 불편한 존재라는 느낌이 있다면 그건 이쪽에서 어쩔 수 없는 일입

니다. 느낌은 느끼는 자의 마음에 달린 일이니까요. 그 느낌이 객관적으로 말이 되는가 안 되는가를 따지고 싶은 마음을 내려놓을 필요가 있습니다. 일단 그 기초적인 사실을 인정해야 그 다음 단계의 소통이 가능해집니다. '내가 불편하다는 네가 이상한 거야'라는 생각은 소통에 전혀 도움이 되지 않지요.

나는 옆사람을 힘들게 하지 않는다는 것은 착각입니다. 나는 나의 방식으로 옆사람을 힘들게 하지요. 그 사람이 나를 힘들게 하고도 느끼지 못하는 것처럼 나 역시 그럴 수 있습니다. 우리는 각자의 존재 방식의 무게를 가지고 있습니다. 좋기만 한 특성이란 없습니다. 어떤 특성이든 그것이 불편하게 다가오는 때가 있습니다.

내 옆의 사람들은 나를 힘들게 하지만 나는 옆사람들을 전혀 힘들게 하지 않는다는 착각에서 벗어나야 소통이 가능해집니다. '나로서는 불편하게 하려는 의도가 없었는데 너와 나의 경향성이 다르다 보니 너에게는 내가, 나에게는 네가 불편한 때가 있나 보다.' 이러한 인식을 우선적으로 해야 할 것으로 보입니다.

일을 제대로 하지 않는 팀원 때문에 제가 그 일을 떠맡느라 추가 근무를 한 적이 많은데, 오히려 내가 자기를 힘들게 하는 상사라고 하소연을 하고 다닌다는 소리가 들려옵니다. 그 사람은 도대체 무슨 생각으로 그러는 걸까요? 도무지 이해가 되질 않습니다.

일머리가 있는 사람이 있고 그렇지 않은 사람이 있지요. 일이 어떻게 되어가는지, 순서는 무엇이고 어떤 방식으로 처리해야 하는지를 잘 모르는 것을 '일머리가 없다'고 합니다.

일이 되어가는 것을 보고 무슨 일을 더 해야 하는지를 아는 사람이 일을 더 하게 되는 문제는 흔히 일어납니다. 일이 눈에 보이니 저절로 하게 되는 것입니다. 그러다 보니 이 불균형이 문제를 일으킵니다. 일을 더 하는 사람은 힘들 수밖에 없으니 불만이 차오르게 되고, 일을 덜 하는 사람은 자기가 애쓰지 않아도 일이 되어가니 일이 쉬운 듯한 착각을 하게 됩니다.

그렇지 않아도 모든 이들에게는 자신이 하는 일은 커 보이고 타인이 하는 일은 작아 보입니다. 당연하지 않겠어요? 자신이 하는 일의 힘듦은 경험할 수 있지만 타인의 힘듦은 경험할 수 없으니 말입니다. 앞에서 배웠던 인식의 사각지대가 바로 이 경우입니다. 경험이 있는 사람이나 그 일이 얼마나 힘든지를 알게 되지요. 그래서 업무를 순환시켜야 동료들 간에 협력도 잘되고 일의 전체적인 흐름을 알아서 서로를 효과적으로 도와줄 수 있게 됩니다.

일을 잘하는 사람들은 상사 눈에 안 보이게 슬쩍 무임승차를 하고 있는 동료가 양심이 없다고 느끼게 됩니다. 그러나 당사자는 자신이 얼마나 무임승차를 하고 있는지 의식하지 못한다는 점이 문제입니다. 자신이 무임승차를 하고 있으면서도 그것을 의식하지 못한다는 것이 언뜻 이해가 안 되지요? 애초에 그런 눈썰미나 눈치가 있었다면 그 사람은 일머리가 있는 사람이었을 것이고, 그래서 일도 잘했을 겁니다. 일머리가 없는 사람은 그런 눈썰미나 정확한 인식 능력이 부족하다는 경향성을 가지고 있지요.

자신이 일을 못하는 사람이라는 객관적 인식은 누구나 피하고 싶습니다. 누구나 자신에게 불리한 진실을 인식하는 것을 어려워합니다. '동료끼리 좀 도와줄 수도 있지'로 시작된 무임승차가 어느새 습관이 됩니다. **이런 식으로 습관적인 인식에 안주하면 자신은 늘 도움을 청하고 일을 조금씩 미루면서도 그에 대해 별로 미안해하지 않는 사람이 되어 있기 쉬운 것입니다.** 늘 도움을 받다 보면 도와주는 사람이 얼마나 힘든지에 대해 별 의식을 안 하게 되기 쉽고, 자신은 편하니까 거기에 안주하게 됩니다.

이런 팀원이 어떻게 동료들을 힘들게 하는지 팀장은 알죠. 팀장으로서는 옆에 있는 동료 직원에게 도와주라고 하기도 하고, 해당 직원의 업무 역량을 높이기 위해 직접 보조해주면서 일을 가르치기도 합니다. 이럴 때 그 직원이 자신이 일을 못한다는 객관적 인식을 하면 업무 역량이 증진될 수 있습니다. 그러나 객관적 인식보다 손쉬운 것이 '팀장이 지나치게 세밀한 일처리를 요구한다, 일의 강도가 높다, 일의 양이 많다'는 쪽으로 불만을 제기하는 것이죠. 이것이 자신의 열등이나 무능을 인식하지 않고 마음이 편해지는 방식이기 때문입니다.

사실 사람들은 누가 일을 잘하고 누가 못하는지 다 압니다. 이런 소문을 들으면 팀장이 지나친 건지 팀원이 일을 못하는 것인지 다 가늠이 되지요. 그렇지만 당사자는 팀장이 지나친 것이라고 느낍니다. 사실 그 팀원은 그러한 정밀한 일처리의 중요성을 모르기 때문에 일을 못하는 것입니다. 그런 팀원에게는 업무에 필요한 정밀함의 수준을 알려주고, 동료들이 추가 근무를 하게 되는 상황을 인식시켜주어야 합니다.

이런 사람들은 말을 해주지 않으면 모릅니다. 팀장님이 희생적으로 업무를 도와주면 원래 업무를 그렇게 처리하는 것으로 착각하기도 합니다. 그래서 업무 범위를 명확히 알려주고 '할당 범위 중 이 부분과 이 부분이 안 되어서 내가 도와주는 것이며, 이 부분은 다음부터는 혼자 해내야 한다'는 사실을 명확히 인식시켜주는 것이 좋습니다. 일을 잘하는 이들은 '후배 직원을 이렇게 도와주면 그다음에는 알아서 혼자 해내겠지'라고 생각하는 경향이 있는데, 일머리 없는 이들에게는 그런 상황 파악마저 불가능할 수 있다는 점을 잊지 마시기 바랍니다.

Q5

직장의 대표가 자꾸 말을 바꾸고 아주 사소한 것까지 간섭합니다. 제 입장에서는 제가 결정할 수 있는 게 없는 느낌인데, 결국 본인이 결정해야 직성이 풀리면서도 번번이 "이런 것까지 내가 해야 하냐?"는 식으로 불만을 토로하십니다. 대표님이 팀장님과 소리 지르면서 수습인 제 앞에서 싸우기도 했습니다. 대표의 결정에 따라 직원인 저는 근무 내용이 바뀔 수도 있고 힘든 부서로 갈 수도 있고 그만두게 될 수도 있습니다. 저는 어떤 마음을 가져야 할까요?

사람은 자신이 어디서 어떻게 말을 바꾸는지를 잘 느끼지 못합니다. 자신은 굉장히 일관성이 있다고 생각하죠. 자신이 어디서 어떻게 일관성을 지키지 못하는지를 파악하는 것이 쉬운 일이 아니기는 합니다. 그래도 상식이 있는 사람들은 말 바꾸기를 하지 않으려고, 일관성을 지키려고 노력합니다.

재미있는 건 일관성을 지키지 않는 사람이 오히려 타인의 비일관성에는 굉장히 예민하게 반응한다는 것입니다. 일관성을 지키지 않는 사람들은 자신이 그렇다는 사실을 알아차리지 못하기에 타인의 비일관성에 대해 마음놓고 비난합니다.

인간의 자연적 인식은 자신의 소망과 심리적 특징에 딸려 가지, 논리적 일관성을 지키는 방식으로 이루어지지 않습니다. 논리적 일관성을 지키는 데는 특별한 노력이 듭니다. 그리고 논리적 일관성을 지키는 정도는 사람에 따라 다릅니다. 일관성에 목숨을 거는 사람도 있고 일관성을 지키지 못하는 것에 대해 별 의식이 없는 사람도 있습니다. 역설적으로, 자신이 일관성을 지키지 못할 때가 많다는 사실을 알아차리는 것은 오히려 일관성을 지키려 노력하는 사람입니다. 일관성을 지키지 못하는 사람들은 일관성에 문제가 있다는 사실을 잘 의식하지 못합니다. 자신의 비일관성을 알아차릴 만큼 자신의 생각을 검토하지 못하기 때문입니다. 이것이 일관성을 지키지 못하는 사람들이 오히려 타인의 비일관성에 예민하게 반응하는 이유입니다.

일단 대표는 자기 자신을 돌아보지 못하는 스타일입니다. 제대로 업무 지시를 하지 않아놓고서는 타인이 자기 마음에 들게 일을 하기를 바라지요. 세세한 사항까지 자신의 취향을 고집하면서 타인이 자신의 취향에 맞게 일을 처리해놓기를 바라는 것입니다. 이런 이들은 대체로 논리적인 사고를 못합니다. 팀원에게 어디까지 맡겨야 하고 어디서부터 자기가 해야 하는지를 제대로 생각하지 않죠. 그리고 자신의 요구 사항을 명확하게 전달하지도 못하면서 팀원이 찰떡같이 자기 마음에 들게 일처리를 하기를 요구합니다. 마치 "얍!" 하고 요술봉을 휘두르면 모든 일이 잘 끝나 있기를 바라는 것 같은 태도입니다. 그러면서도 이런 리더들은 자신의 귀에 듣기 좋고 편한 말을 해주는 사람을 좋아하는 경향을 보입니다. 자신이 얼마나 주관성에 빠져 있는지를 모르기에 객관적인 말을 해주는 사람은 좋아하지 않고 그저 감언이설을 해주는 이만 좋아합니다.

이런 사람들의 감정 기복에 휘둘리는 일은 힘들지요. '저 사람은 도대체 왜 저러지?' 하고 원망하는 마음으로 보는 대신, '당신이라는 사람의 인간 유형을 파악하고야 말겠어'라는 마음으로 대표의 생각 패턴과 행동 패턴을 파악하려고 노력해보세요. 이 부분에서 특히 철학과 심리학의 도움이 필요합니다. 저 사람이 나에게 불편을 끼치지 않길 바라는 마음, 원망하는 마음으로 보면 그 사람의 생각 패턴과 행동 패턴을 파악하기가 힘듭니다.

세상에는 이상한 사람이 꼭 있습니다. 어딜 가나 있습니다. 이상한 사람을 만날 때마다 상처를 크게 입는다면 사는 일이 너무 힘들 것입니다. 차라리 '어딜 가나 진상은 있다. 그들과 살아내야 하는 게 세상살이다. 그렇다면 그 심리를 이해하겠다'라고 생각을 가져가는 것이 낫습니다.

'진상'이 없는 세상에 살면 좋겠지만 그것은 불가능합니다. 그렇다면 그런 이와 어떤 방식으로든 소통을 해내야 합니다. 그 사람이 맘대로 던지는 말의 창살을 피하면서 소통하는 법을 익히는 게 좋겠지요. 그 사람의 생각 패턴과 행동 패턴을 파악하면 어떤 표현으로 말하고 어떤 식으로 대해야 날벼락을 맞지 않을 수 있는지도 파악할 수 있습니다.

그런 사람들은 의외로 단순합니다. 소망적 사고로만 똘똘 뭉쳐 있습니다. 다시 말해 자신이 바라는 바에만 골몰해 있습니다. 그러니 그런 특성을 고려해 대화를 해야 합니다. 그 사람들의 비위를 맞추라는 말이 아닙니다. 정면으로 맞서지 않으면서 나의 필요를 채우는 방식의 화법을 찾아낼 필요가 있습니다. 그 사람이 화를 낼 수 없는 방식으로 말하는 법을 알아내겠다는 쪽으로 생각을 가져가시기를 권유합니다.

직장 동료가 하나가 사람들을 너무 무시합니다. 다른 이들과 나이 차이가 제법 나는데, 그의 언행은 마치 고슴도치 같아요. 잘한 일을 칭찬하면 곱게 받아들이지 않고 오히려 칭찬한 상대방을 기분 상하게 하는 반응을 보입니다. 매사에 부정적이고 무시하는 언어를 쓰면서 자기만 잘난 줄 알아요. 그러다 보니 자연스레 멀리하게 되고 그 직원 목소리만 들어도 화가 나서 감정을 누르느라 애쓰게 됩니다. 이 사람과의 관계는 어떻게 개선해야 하나요?

마음고생이 많으시네요. 그래도 그런 사람과 관계 개선을 하겠다는 마음을 가지고 계시는군요. 나이가 많이 어린 직원 때문에 마음고생을 한다는 사실도 참 받아들이기 어려우실 것 같습니다.

부정적인 언어가 밴 사람 옆에서 오랜 시간을 보낸다는 것은 참으로 어려운 일입니다. 마음의 불편을 줄이기 위해서라도 일단 그가 부정적인 언어로 자기를 무장해야 하는 이유가 무엇일까 생각해보시면 좋을 것 같아요. 대체로 사람들은 남들이 자신에게 상처를 입히지 자신이 남들에게 상처를 입힌다고 생각하지는 않습니다. 자신이 남들에게 상처를 입힌다고 생각하면 그 행위를 중단하겠지요. 그 직원도 인간들 때문에 자신이 상처를 많이 받아서 자신은 그런 식으로밖에 존재하지 못한다고 생각할 가능성이 높아 보입니다.

'상처 받았다는 것은 상처 주었다는 것이다'라는 말이 있다고 말씀드렸지요. 자신이 타인에게 상처 줄 가능성을 생각하지 못하는 사람일수록 상처받았다고 요란하게 말을 하기 쉽기 때문입니다. 인간이 원래 자신이 타인에게 상처 주는 측면을 인식하기는 어렵지만 그래도 노력해서 조금씩이라도 인식을 하는 사람이 있고 전혀 인식하지 못하는 사람이 있죠. 반성 능력이 좋은 사람은 자신이 타인에게 상처 입힐 가능성을 생각하고, 반성 능력이 없는 사람은 그 가능성을 별로 생각하지 못합니다. 즉 후자는 자신의 잘못을 못 보기에 목소리를 높이게 되는 거죠.

누구나 자기가 최고이고 자기가 잘났습니다. 그래서 내가 원하는 만큼 사회에서 인정을 받지 못할 때 우리의 존재가 왜곡됩니다. 문제는 모두들 자신이 잘난 존재이고 싶기에 자신이 원하는 만큼 사회적 인정을 받는다고 느끼는 사람이 매우 드물다는 것이죠. 그래서 어디서나 자존감 이야기를 하게 되는 것이고요. 그 직원도 자신이 원하는 만큼 사회적 인정이나 대우를 받지 못한다고 생각하니 고슴도치처럼 구는 것일 가능성이 높을 것입니다.

이런 사람을 대할 때는 참 여러모로 마음이 불편해집니다. 워낙에 부정과 비난으로 단련된 사람이라 그것을 이길 만큼의 부정적 언어를 이쪽에서 내놓기가 어렵습니다. 그런데 그의 비난은 논리의 외양을 띠고 있기에 내가 마치 말, 즉 논리가 딸리는 듯해 기분이 무척 상하게 됩니다. 여기에 마음이 다치지 않으시길 바라요. 부정과 비난의 기세를 누르는 것은 어렵습니다. 선하게 살아온 사람일수록 그렇습니다. 다른 사람을 누를 의사 없이 평온하게 살아온 사람이 어느 날 갑자기 부정적인 언어를 사용하는 사람에게 더 부정적인 언어를 사용해 그 기세를 누른다는 것은 불가능에 가까운 일입니다. 내가 부정적인 사람이 아니어서 누르지 못하는 것이지 무능하거나 기가 약해서 그런 것은 아닙니다.

칭찬을 해도 그 사람이 꼬아서 받아들인다고 하셨지요. 자기 자신을 인정하지 못하는 사람에게 칭찬을 하면 제대로 수용하지 못합니다. 또 한 가지, 사실은 속으로 싫어하면서 그 직원을 구슬러 보기 위해 칭찬을 하지는 않았는가 생각해보셨으면 합니다. 그런 성향을 지닌 사람들은 칭찬을 도구화하는 것을 매우 불쾌해합니다. 본인이 악의를 많이 가졌기에 타인이 약간의 악의만 있어도 그것을 매우 민감하게 포착하지요.

그 직원과 어떻게 잘 지낼 수 있는지를 물으시니 그 부분에 집중해보겠습니다. 일단 그렇게 부정적인 언어로 자기를 무장할 수밖에 없는 그 사람을 연민의 시선으로 보는 것부터 시작하시는 게 좋을 듯합니다. '많이 힘들었나 보구나, 너 역시 힘든 세상을 살아내다 보니 그렇게밖에 존재할 수 없었던 것일 텐데 그 이유를 알아주는 사람이 없어서 사실은 무척 외롭겠구나.' 이런 연민의 마음을 가지지 않고는 관계를 풀어갈 첫 걸음조차 뗄 수가 없습니다.

그 사람과의 관계를 개선하려면 약간은 연민을 가지려고 노력하되 적절히 경계를 설정하는 방향이 가장 건강한 반응일 것입니다. 세상에는 심리적으로 왜곡된 사람이 있고 우리는 그 사람들과 살아내야 합니다. 그리고 나 역시 어느 정도 심리적으로 왜곡된 부분이 있으리라는 점을 인지해야 하고요. 세상에 심리적으로 왜곡된 사람이 전혀 존재하지 않기를 바라면 사는 게 어려워집니다. 오히려 그런 사람들을 보면서 나와 말이 통하고 나를 위해주는 이들의 존재가 얼마나 고마운지 느끼는 것이 필요한 일이 아닐까 싶습니다.

그런 사람을 안 만나길 바라는 소망 때문에 힘들어하기보다는 '이런 사람도 있구나, 이런 사람을 대하려면 어떻게 경계 설정을 해야 하는지 이번 기회에 배우자'라고 생각하면서 인간을 연구하는 태도를 가지는 것이 좋지 않을까 싶습니다. '내가 네 덕분에 사람 공부 한다'라는 태도와 '왜 너 같은 인간을 만나서 내가 이 고생이냐'라는 태도는 매우 다릅니다. 마음이 편안해지는 방향으로 마음을 잡으시고, '너를 감당할 줄 알게 되면 앞으로 다른 사람하고도 많이 편해지겠지'라고 스스로를 다독여보시기 바랍니다.

회사 선배님들이 유능하고 잘 이끌어주셔서 감사하고 너무 좋은데, 피드백을 받거나 깊은 대화를 나누다 보면 비판적 견지에서 듣는 얘기가 대부분이라서 '내가 생각한 것보다 잘 못하나?' 싶어질 때가 있습니다. 그래서 의기소침하면 '잘하는 건 다 안다'고 그러세요. 회사에서 일일이 칭찬받고 싶어 하는 저, 프로가 아닌 걸까요?

피드백을 받는 것은 참 어려운 일입니다. 유능한 선배님들을 보면 그분들의 존재 자체에 주눅이 들기도 하지요. 나는 언제 저렇게 되나 싶고 자꾸 비교되는 마음이 생깁니다. 선배들의 경우에는 도움이 되는 말을 해주려다 보니 당연히 부정적인 피드백에 집중하게 됩니다. 잘하는 것은 잘하니까 말할 필요가 없다고 느끼는 것이죠.

유능한 사람일수록 긍정적인 피드백은 사람을 안주하게 하고 부정적인 피드백이 사람을 키운다고 생각합니다. 그런 특성 덕분에 사람들에게 인정받을 수 있는 위치에 설 수 있기도 했을 테고요. 선배들이 그러한 성향을 지녔으리라는 점을 감안하고, 피드백을 나의 능력에 대한 평가가 아니라 특정 업무 수행에 대한 도움으로 이해할 필요가 있습니다. 피드백을 나의 업무 능력을 높이는 데 활용하겠다고 생각해야지, 그것이 나의 능력에 대한 전반적인 평가라고 생각하면 마음이 무거워지겠지요.

비판적 사고에 대한 강의를 오래 해왔는데, 비판이 잘되었는지 그렇지 않은지를 날카롭게 알려줄 때 학생들이 지적받는다는 느낌에 위축되거나 속상해하는 경우를 종종 봅니다. 저는 교수자이니, 잘한 것을 먼저 말해주고 발전해야 할 부분을 알려주는 방식으로 노력을 했지요.

직장에서 이렇게 배려하며 피드백을 주는 선배가 있다면 고마운 일이지만, 학교를 떠난 생계의 현장에서 그러기는 어려울 것입니다. 유능한 선배들이라면 촌각을 다투어 자기를 발전시키고 업무 역량을 높여온 사람들일 텐데 그렇게 시간을 할애해 피드백을 해주는 것만으로도 고마운 일일 테고요. 그러니까 **유능한 선배들의 피드백은 부정적인 것이 많을 수밖에 없음을 의식하고, 그 조언들이 나를 업그레이드한다는 생각을 일부러 자주 떠올리는 것이 좋겠습니다.**

일이 잘될 때는 너무 몰입하여 집 등 보이지 않는 곳에서도 야근을 자처하는 날이 있습니다. 일에 대한 기준이 너무 높은 것 같은데, 외부의 평판은 점점 좋아지지만 슬슬 건강도 나빠지고 제가 일을 할수록 높아지는 기대치에 부응하기도 부담스럽습니다. 제 에너지도 소진되는 느낌입니다. 번아웃이 온 것 같은데, 어떻게 하면 좋을까요?

스스로 일에 대한 기준이 너무 높다고 의식을 하고 계시는군요. 왜 일에 대한 기준이 높아졌을까요? 이렇게 말씀하시는 걸 보면 다른 사람들과 얘기를 해봤을 때 내가 일을 대하는 태도와 그들이 일을 대하는 태도가 다르다는 것을 확인해본 경험이 있으실 듯합니다.

보통 자기 자신에게 자부심을 가진 사람이 일에 대한 기준이 남다른 경우가 많지요. 자부심을 가지고 있다는 것은 좋은 일인데 그 자부심이 오히려 나를 힘들게 한다면 점검해봐야 할 것입니다. 왜 그렇게까지 일을 해야 안심이 되는지를 스스로에게 물어봐야 할 것 같습니다. 나는 일을 잘해도 나이고, 일을 못해도 나입니다. 우리 모두는 자기 자신으로 존재할 때 행복합니다. 무엇을 못하면 나는 내가 아니라고 생각하는 것은 곤란합니다. 일 그 자체를 나보다 더 중요하게 생각하는 것이니까요.

기대치가 오르기는 쉽지만 현실적으로 그 기대치에 부응해 성과를 내는 것은 어려운 일입니다. 기대치에 부응하려고 노력하다 보면 외부적으로 주어지는 기준을 충족하지 못했다는 느낌이 들고 원래 일에서 얻었던 성취감도 얻기 힘들어지게 되곤 합니다. 그래서 에너지가 소진되고 번아웃이 오는 것입니다.

동료들보다 일을 잘한다는 자부심이 스스로에게 중요할 수도 있습니다. 그렇지만 내가 있고 일이 있는 것이지 일 때문에 내가 있는 것은 아닙니다. 삶의 만족을 너무 일에서만 추구하면 나이가 들수록 자기 삶에 대한 만족도가 떨어지게 됩니다.

관계로 인한 만족 역시 인생에서 매우 중요합니다. 일로 인한 만족만 추구하게 되는 것은 인간관계가 어려웠던 경험 때문일 수도 있습니다. 인간관계는 내가 열심히 한다고 해서 잘되는 것이 아니라는 두려움이 있기 때문일 수 있는 것이죠. 이런 측면들을 생각해보시고 **소진되지 않을 수 있도록 일에 대한 기준을 낮추고 관계에 더 성의를 기울여보거나 취미에 시간을 들여보는 것이 좋을 듯합니다.**

어떤 생각에 빠지면 그 생각에서 빠져나오기가 어렵습니다. 머리로는 그게 진실이 아니라는 것을 알아도 마음에서 그게 잘 받아들여지지 않는 것을 느낄 때가 많습니다. 스스로도 진실이라고 생각하지 않는 생각에 딸려 갈 때는 어떻게 해야 하나요?

어느 때는 스스로도 '내가 왜 이렇게 빠져나오지 못하지?' 하고 의아해할 만큼 어떤 생각 속에 무겁게 침잠하곤 하지요. 사람마다 취약한 부분이 다릅니다. 어떤 사람은 A라는 생각에서는 쉽게 빠져나오지만 B라는 생각에서는 쉽게 빠져나오지 못하고 또 어떤 사람은 반대로 B에서는 쉽게 빠져나오지만 A에서는 쉽게 빠져나오지 못합니다. 이것이 그 사람의 심리적 특징입니다.

자기 자신에게 연속적으로 휘몰아치는 생각들을 따라가느라 바빠서 지금 자신이 어떠한 생각을 하고 있는지 관찰하지 못할 때 '생각에 딸려 간다'고 표현할 수 있습니다. 즉 자신의 생각을 상위 차원에서 바라보지 못하는 것입니다. 상위인지, 메타인지가 안 되는 상태인 겁니다. 이 경우에는 생각을 어느 방향으로 가져가고 어느 방향으로는 가져가지 않을지를 결정하지 못하게 됩니다.

특정한 방향으로 생각을 가져가지 않으려는 노력은 자신의 생각을 검토할 때 가능해집니다. 예를 들어, 회사 최종 면접에서 떨어졌다고 해보죠. 이 경우에 '나는 못났다'는 생각(A)에 빠질 수도 있지만 '3차 면접까지 갔다는 것은 1, 2차에서 떨어지지 않았다는 것이고 인재상이 다른 회사에서는 뽑힐 가능성이 있다는 의미이다'라고 생각(B)할 수도 있습니다. 이 경우에 A가 좀 더 타당성이 있을까 B가 좀 더 타당성이 있을까를 검토해보는 것이 생각에 관해 생각하는 것입니다. 1, 2차의 경쟁률을 생각해보면 B가 좀 더 타당성 있다는 결론에 이를 수 있다고 해보죠. 그런데 이때 A가 우리를 끌어당긴다는 데 문제가 있습니다. 인정받고 싶은 마음과 떨어졌다는 충격 때문에 마음이 A의 방향으로 딸려 가기 쉽습니다. 그러나 B의 타당성을 인식하는 경우에는 생각을 B로 가져가려고 노력할 수 있게 됩니다.

A로 생각을 가져가 우울해하면서 다음 취업 준비조차 못하게 되는 것이 자신에게 좋은지, 아니면 B로 생각을 가져가 다음 취업 준비에 동기를 부여받는 것이 좋은지는 분명합니다. 그런데 이를 모두 알아도 A의 생각이 과도하게 자신을 끌어당기는 것을 느낀다면 자신의 심리적 특징을 살펴볼 필요가 있습니다. B의 타당성을 인식하면서도 생각이 과도하게 A로만 간다면 이는 마음속에 A와 연결되는 요인이 강력하게 자리 잡고 있다는 뜻입니다. 이 정도까지 생각이 정리되면 점점 더 자신의 마음이 왜 과도하게 A로 가는

지를 살펴서 조절할 수 있게 됩니다. 이것이 바로 상위인지 능력을 바탕으로 마음을 돌보는 과정입니다.

여기서 또 한 가지 주의해야 할 점이 있습니다. 사실 객관적으로 A가 맞는지 B가 맞는지를 확인할 방법은 어차피 없다는 것입니다. 다만 우리는 인정 욕구에서 자유롭지 못하기에 A를 생각하기가 쉬워집니다. 이 상황에서 가장 냉철한 판단은 '인정 욕구 때문에 A를 생각하기가 쉽지만 B도 충분히 진실일 수 있다'는 인식입니다. A만이 진실이라는 보장이 없으므로 B도 충분히 가능성 있음을 생각해보는 것이 사태의 진실에 보다 가까워지는 길입니다.

인생에는 '어느 것이 답이냐'보다 '어느 것을 답으로 하려고 노력할 것이냐'가 더 중요한 경우가 있습니다. 객관적으로 확률을 완전히 파악할 수 없다면 원하는 방향으로 최선의 노력을 해보는 것이 좋습니다. 결과를 두려워하느라 시간을 쓰는 것보다는 말이지요.

회피하는 성향이 있어서 평소에 타인과의 대화가 어렵습니다. 대화를 하려고 노력할 필요가 있을까요? 상대방이 같은 생각일 경우에는 같은 생각이니까 굳이 대화를 할 필요가 없고 상대방이 다른 생각일 경우에는 대화하기 어려우니까 굳이 대화할 필요가 없다는 생각도 듭니다.

타인과의 교류가 적으면 자신만의 생각의 우물에 빠지게 됩니다. 인간의 자연적 인식 방식은 자신에게 편리한 방향의 생각에만 사로잡혀 있게 한다고 말씀드려왔습니다. 이 경향성을 방치하면 문제에 맞는 해결책을 강구하기도, 타인과 소통하기도 어려워집니다. 평소에 다면적으로 검토하는 습관을 들여야 자신이 원하는 가능성에만 고착될 가능성을 줄이고 그러한 경향성을 조금씩 조정할 수 있게 됩니다.

우리는 마음이 어지러울 때 내 마음을 잘 아는 사람과 대화하고 싶어집니다. 이는 표현 욕구 때문입니다. 대화는 나를 표현하게 해주어 정서를 안정되게 해줍니다. 이외에도 더 중요한 대화의 효과가 있습니다. 대화에서 우리는 나의 생각과 다른 생각을 만나게 됩니다. 그래서 대화를 나누는 과정 자체가 혼자서 하기는 어려운 성찰, 즉 타당할 가능성과 타당하지 않을 가능성을 균형적으로 고려하는 과정이 될 수 있습니다. 그리고 누군가와 대화를 나누다 보면 상대방과 나의 차이를 느끼게 되어 내 마음을 조금 더 들여다볼 수 있게 됩니다.

자기의 마음을 표현해내는 과정 자체가 자기객관화에 도움이 된다는 것은 심리학과 정신의학 모두에서 인정하는 바입니다. **일단 마음을 표현해보면 내 마음에 대한 상위인지가 조금 더 원활해집니다. 자기객관화에 도움을 받게 되는 것입니다.** 그리고 나의 방향에서만 보던 시선을 다각화할 수 있게 됩니다. **대화를 통해 문제에 대한 다른 시선을 얻게 되는 것입니다.** 이렇게 되면 문제를 풀어갈 아이디어도 얻게 됩니다. 나의 시선과 상대방의 시선을 합쳐서 적절한 해결책을 모색할 수 있게 되기 때문입니다.

좋은 친구를 인생의 보배라고 하는 데는 이유가 있습니다. 친구는 나의 문제를 함께 고민하면서 나와는 다른 생각으로 문제에 접근하게 도와줍니다. 내가 못 보는 측면을 보면서 나를 아껴주는 친구와의 대화는 그 자체로 선물과도 같지요. 우선 친구와 대화하며 생각과 감정을 표현하는 것만으로도 내 마음에 엉켜 있던 것이 조금씩 풀리게 됩니다. 내 마음을 누가 들어만 주어도 내가 문제를 보는 시야가 달라지면서 생각하는 능력이 좋아집니다. 내 마음을 잘 아는 사람을 만나서 고민거리를 얘기할 때 그 문제와 거리를 둘 수 있게 됩니다. 문제를 언어로 표현해내면 나와 문제 사이에 거리가 생겨서 문제의 당사자인 내가 문제에 대해 조금은 더 객관적인 인식을 하게 됩니다. 상대방이 나의 문제에 대해 질문하고 그에 대해 답변하는 과정이 객관적 인식을 강화해주고요. 그러면 잘못된 생각에 매몰되어 스스로를 괴롭힐 가능성이 줄어들게 됩니다.

그러니 설사 나와 생각의 결이 많이 다른 친구라고 해도 멀리 해서는 안 됩니다. 오히려 가까이해야 합니다. 다른 생각을 만나야 내가 발전하기 때문입니다. 나의 생각과는 다른 입장이 어떻게 가능할지를 물어보고 그 다른 입장이 타당할 가능성에 대한 타진을 여러 사람에게 해보는 것이 좋습니다. 일부러 여러 사람의 의견을 들어보아야 합니다. 그래야 다각도의 시선을 갖출 수 있습니다. '아 이렇게 나와 생각이 다르구나' 하고 느껴보는 것이 필요합니다. 그러한 경험을 자주 하다 보면 나의 생각의 특성과 상대방의 생각의 특성을 이해하게 됩니다. 이 과정에서 내 생각의 폭을 넓힐 수 있습니다.

대화는 내 생각을 분명히 하면서 자기객관화를 하는 데, 생각의 폭을 넓히는 데 도움이 됩니다. 적극적으로 대화를 시도해보시길 바랍니다.

자기 마음을 들여다보라며 감정 일기를 쓰는 것을 권유하기도 하던데, 감정 일기를 쓰는 것이 생각을 잘 정리하는 데 도움이 될까요?

감정 일기란 감정을 솔직하게 쓰는 것입니다. 아무에게도 보이지 않을 것을 전제하고, 원초적으로 있는 그대로 날것의 감정을 쏟아놓는 것이지요. 감정 일기를 꾸준히 쓰는 것은 상위인지를 하는 데 도움이 됩니다. 감정 일기를 쓰는 과정에서, 그리고 쓴 것을 나중에 읽어보면서 내 감정을 알아차릴 수 있죠.

우선 감정 일기는 감정을 배출하게 해줍니다. 링컨 대통령은 누군가에게 화가 나면 그 감정을 있는 그대로 토해놓는 편지를 써놓고 부치지 않았다고 하지요. 링컨은 다른 사람에게도 그렇게 하도록 권유했습니다. 장관 중 한 명이 다른 사람 때문에 화가 나서 못 살겠다고 하니까 맞장구를 실컷 쳐주고는 그럼 그 감정을 전부 다 써서 자신에게 가져오라고 했습니다. 장관이 편지를 써서 가져오자 되돌려주며 이제 그 편지를 찢는 게 어떠냐며 다음과 같이 말했습니다. "자네 감정은 이미 발산했는데, 굳이 그걸 보내서 문제를 일으킬 필요가 뭐가 있겠나."

감정 일기를 나중에 읽어보면 '내가 이런 일이 있을 때 이런 감정을 느끼는구나, 이렇게 반응하는구나'를 깨닫게 됩니다. 자신의 감정 패턴을 메타 차원에서 인식하게 되는 것입니다. 아무리 강렬하고 불쾌한 감정이더라도 무시하지 않고 들여다보는 작업을 시작하면 오히려 그 감정의 영향이 약화됩니다. 사실 감정을 느끼거나 들여다보지 못하고 감정을 무시해버리는 이유는 그 감정에 휩쓸리는 일 자체가 고통스럽기 때문입니다. 그러나 **감정을 무시한다고 해서 감정이 없어지는 것은 아니지요. 지속적으로 무시하면 그것이 마음에 남아 다른 문제를 일으키고 신체에도 영향을 끼칩니다.**

귀인이 덜된 부정적 감정일수록 더 오래 지속됩니다. 즉, 부정적 감정의 원인을 찾아내지 못하면 오히려 부정적 감정의 영향을 더 오래 받게 됩니다. 그렇다고 자기 마음 편한 방식대로 귀인을 해버리면 자기만의 소설을 쓰게 됩니다. 원망하지 말아야 할 사람을 원망하면서 남 탓하는 데 시간을 들이게 되지요. 그래서 귀인 오류를 일으키지 않고 상황에 적합한 행위를 선택해야 합니다. 여기에 생각의 힘이 필요한 것은 물론입니다.

상황이나 맥락에 대한 해석이 바뀌면 감정도 충분히 바뀔 수 있습니다. 이 '해석'을 바꾸는 데 생각이 중요한 역할을 할 수 있습니다. 어쩌면 우리는 자신이 느끼는 감정을 너무 절대적으로 생각하고 그 감정을 신주단지 모시듯이 하는지도 모릅니다. 감정을 너무 절대적인 것으로 여기면 그 감정에 지배당할 위험이 높아집니다.

글로 감정을 토해놓고 보면 내가 어떤 감정을 느끼는지를 객관화해서 볼 수 있게 됩니다. 내 감정 일기를 읽어보면 나 자신이 어떤 사람인지를 점점 더 알아가게 됩니다. 나의 감정을 있는 그대로 토해놓는 감정 일기는 부정적 감정과 적절한 거리두기를 하며 빠져나올 수 있도록, 상위인지를 통해 나 자신을 알아가도록 도움을 줍니다.

Q 12

아버지가 지나친 능력주의자입니다. 1등만 하면 무엇이든 다 해 준다는 식으로 말씀하세요. 그래서 어렸을 때부터 1등을 하고 싶었습니다. 아버지가 주는 혜택을 누리고 싶었고 부모님께 인정받고 싶었습니다. 그러나 공부는 그리 쉽지 않았고 나름대로 노력했지만 원하는 결과가 나오지 않았습니다. 부모님은 내가 쉬는 것을 보지 못합니다. 잔소리로 시작해서 잔소리로 끝납니다. 무슨 말만 나오면 "네 할 일이나 하고 말해"라며 무시합니다. 나도 1등하고 싶은데 못하는 것임을 전혀 인정해주지 않습니다. 내가 1등을 못하면 자식이 아닌 걸까요? 어떤 물건이 필요하다고 하면 성적이 잘 나오면 사주겠다고 말합니다. 공부를 못하면 물건을 쓸 자격도 주어지지 않는 것일까요? 무엇이든 돈을 기준으로 말하는 것이 너무 힘듭니다. 용돈도 부모님 기분에 따라 줬다가 안 줬다가 합니다. 이렇게 함부로 취급받는 것이 너무 자존심 상하고 힘듭니다.

슬프게도 지금 우리 사회에는 이런 가정이 많습니다. 부모님은 무한경쟁의 시대에 자녀들이 잘 살아가길 바라며 공부를 강요합니다. 자신들이 더 이상 존재하지 않는 세상에서 자녀들이 잘 살아가려면 학력이나 학벌이 뒷받침되는 것이 중요하다고 생각하기 때문입니다. 물려줄 재산이 없는 경우에 부모의 마음은 더 조급해집니다. 본인들이 더 이상 세상에 존재하지 않을 때 내 아이가 이 험난한 세상을 어떻게 헤쳐나갈까 하는 걱정에 급해지는 것입니다. 부모가 아이를 위해서, 걱정해서 하는 말이 자녀에게는 상처가 된다는 것이 정말 가슴 아픈 현실입니다.

부모의 이런 태도를 접하다 보면 아이 입장에서는 종종 '부모님은 능력이 없는 나는 사랑하지 않는 것일까?' 하는 의문을 갖게 됩니다. 대다수의 부모는 능력이 없어도 자녀를 사랑합니다. 그럼에도 자녀가 세상을 고생하지 않고 잘 살아가길 원하니 자꾸 다그치게 됩니다. 이러이러한 능력을 갖추어야 잘 살아갈 수 있으니 내가 너를 돌봐줄 수 있을 때 제발 능력을 갖추라고 하는 것이죠.

부모도 인간이기에 결함이 있을 수밖에 없기는 합니다. 부모님도 자연인으로서 자신만의 심리적 특징과 인격적 한계를 가지고 있습니다. 그렇기에 자녀라는 이유만으로 심리학 지식을 이용해 부모를 원망하는 권리라도 가진 양 구는 것은 바람직하지 않습니다. 자녀에게 부모만큼 많은 것을 희생해주는 존재는 없습니다. 아무리 문제점이 많은 부모라도 그 자녀를 위해 많은 것을 희생해왔을 것만큼은 분명합니다.

그러나 자녀를 자기 인생의 수단으로 여기는 것은 심각한 인격적 결함이며 심리적 문제가 있는 것입니다. 모든 인간에게 타인을 수단으로 활용하고 싶은 마음이 있는 것이 사실이기는 하지만, 그래도 사랑한다면 그런 마음을 적게 발휘하려고 노력하게 됩니다. 그러한 노력을 가장 많이 하게 되는 상대는 바로 자녀일 테고요. 그런데도 자녀를 통해 어떻게 자신의 체면을 세울까에만 골몰하는 부모라면 좋은 부모라고 할 수 없습니다.

부모가 자신의 인생에서 만족감을 얻지 못하는 경우, 자녀에게 너무 많은 기대를 하게 되어 자녀들을 가스라이팅 할 수도 있습니다. 비난을 일삼으면서 자신의 마음에 들게 행동하지 않으면 너는 자식도 아니라는 식의 독설을 퍼붓기도 하지요. 이 정도로 문제 부모라면 그로부터 받은 악영향에서 스스로 벗어나기가 어렵습니다. 부모의 인격적 결함이 심각하고 자신이 감당할 수 없다고 판단된다면 부모와 거리두기를 해야 합니다. 자기 자신을 보호하면서 거리를 둘 현명한 방법을 생각해야 하지요. (이런 경우 성인이 되어 부모와 떨어져 살더라도 과거의 경험 때문에 상담이 필요할 수도 있습니다. 상담은 누구나 일생에 한두 번은 받는 것이 좋다고 생각합니다. 자신의 과거나 얽매였던 것으로부터 조금 더 자유로워진 자기 자신으로 살아갈 기회가 될 수 있기 때문입니다.)

이 경우에 '왜 나는 이런 부모를 만나 고생인가' 하는 생각이 들 수밖에 없습니다. 그런데 모든 것에는 장단점이 있습니다. 좋은 부모와 살다 보면 세상에 얼마나 이상한 사람이 많은지를 몰라 사람 보는 눈이 없게 되기도 합니다. 그래서 성인이 되어 살아갈 때 사람으로 인해 마음고생을 할 확률이 높아질 수 있지요. 반대로, 부모에게 문제가 있을 경우에는 이상한 사람의 유형을 잘 알아보며 그런 사람과 경계 설정을 어떻게 해야 하는지를 잘 파악할 수 있게 되기도 합니다.

인생에서 만나는 어려움에 이유가 분명하다면 얼마나 좋겠습니까. 그러나 사람마다 만나는 인생의 어려움은 전부 다릅니다. 이를 받아들이고 '내 인생의 어려움은 부모와 관련한 어려움이구나' 하면서 이 경험에서 얻어야 할 것을 얻겠다는 태도를 가지면 좋을 듯합니다. **원망하는 마음에 빠져 있는다고 해서 문제가 해결되지는 않기 때문입니다. 인생에 어려움이 없기를 바라는 소망적 사고를 극복하고, 이 어려움을 자양분으로 삼아 자기 인생을 잘 개척해나가기를 기원합니다.**

삶을 위한
철학적 조언

조언 ❶ 무엇인가를 잃는다고 느낄 땐 그 대신 얻을 수 있는 것이 무엇인지 생각하라.

조언 ❷ 다른 사람들이 나를 괴롭히려 존재하지는 않는다. 모두들 자신들의 존재 방식으로 존재할 뿐이다. 다른 가능성을 생각해보라.

조언 ❸ 모두의 기억은 각자의 방식으로 왜곡된다는 것을 잊지 말자.

조언 ❹ 우리 모두는 각자 이상한 부분이 있다. 나도 누군가에게는 이해되지 않고 이상하다는 것을 인정하라.

조언 ❺ 아무리 가까운 사이여도 인식의 사각지대는 있다.

조언 ❻ 생각은 자신의 존재감을 확인하는 방향으로 나아간다.

조언 ❼ 우리 모두는 타인이 내가 원하는 방식대로 존재하기를 바란다.

조언 ❽ 뒤집어서 생각하면 진실의 전체가 보인다.
  (내 눈에 그 사람이 이상해 보인다 = 그 사람 눈에는 내가 이상해보일 것이다)

조언 ❾ 원래부터 그러려던 것이 아니라 어쩌다 보니 그렇게 되었을 가능성을 생각하자.

조언 ❿ 상대방이 암묵적으로 전제하고 있는 것을 파악하자.

아인슈타인은 "삶의 문제는 그 문제를 일으킨 의식의 수준으로는 해결하지 못한다"고 말했습니다. 삶의 문제를 해결하려면 1차적 생각을 넘어서는 좋은 생각을 할 줄 알아야 한다는 것이죠.

20대에는 경험도 적고 생각하는 것도 훈련이 안 되어서 현실의 상황에 대한 판단이 어렵기에 이런저런 실수를 하게 됩니다. 실수를 한 뒤 그 실수를 어떻게 해석하고 어떠한 태도를 가지느냐에 따라 그 이후의 삶이 달라지게 됩니다.

생각에 관한 생각을 하면서 살아가는 사람과 상위인지와 동떨어져 살아가는 사람의 삶의 태도는 다를 수밖에 없습니다. 철학을 하는 사람으로서 독자 여러분께 묻고 싶습니다. 나이가 들수록 점점 더 생각의 시야가 넓어지고 타인을 더 잘 이해하는 삶, 그리고 점점 우물처럼 좁아지는 시야 속에서 내 주변 사람들은 모두 이상하다고 투덜대는 삶 가운데 어느 쪽을 살고 싶은지 말입니다.

생각을 그저 따라가지 않고 자신의 생각에 대해 '이게 정말 타당한가?'를 지속적으로 묻는 것은 머리 아픈 일이기는 합니다. 그러나 미리 조금 머리 아픈 것을 감당하면 두고두고 머리 싸맬 일을 줄일 수 있습니다. 생각을 게을리하면 스스로는 물론 어느 누구에게도 도움이 되지 않을 잘못된 믿음에 발목 잡혀서 연속되는 후회 속에서 살아가게 될 위험이 높아집니다.

거의 모든 심리학 책과 뇌과학 책이 결국 요구하는 것은 자신의 경험을 통해 만들어낸 생각의 패턴, 즉 도식을 메타 차원에서 검토해야 한다는 것입니다. 도식은 개인의 기질, 환경, 그리고 기질과 환경의 상호작용에 의해 만들어집니다. 의식적으로 자신이 가진 도식이 참인지 거짓인지 평가하는 작업이 필요하다고들 하지요. 사실은 이것이 바로 철학적 성찰입니다. 끊임없이 자신의 생각을 검토할 때 자신의 믿음 체계를 지속적으로 '참'으로 맞추어나가게 됩니다. 이 과정에서 사람에게 기대해도 되는 것과 기대하면 안 되는 것이 판단되기에 삶에 대해, 인간에 대해 기대할 수 있는 것만 기대하게 됩니다. 세상사에 대한 예측력이 점점 더 좋아지는 것입니다. 그뿐만 아니라 타인에 대한 이해력이 높아져서 타인과의 소통도 갈수록 수월해집니다. 결국 삶의 만족도가 높아지게 됩니다.

인간의 1차적 생각은 후회와 불행에 빠지기 쉽게 만들기 때문에 거기에 딸려 가다 보면 마음을 힘들게 하는 생각 습관에서 빠져 나오기 어렵습니다. 생각을 검토하는 과정에서 1차적 생각과 1차적 마음에 딸려 가는 정도를 약화하고 검토된 마음과 생각으로 살아가려 노력하다 보면 점점 더 본연의 마음으로 살아갈 수 있게 됩니다. 점점 더 자기 자신으로 살아갈 수 있게 되는 것입니다.

나에게는 마음에 드는 면도 있고 마음에 안 드는 면도 있습니다. 나의 논리, 심리, 무의식에 대한 메타인지 작업을 통해 내 여러 가지 면모를 통합할 때 인간은 나 자신으로 살 수 있게 됩니다. 그럴 때 인간은 행복해집니다. 마음에 안 드는 모습의 나를 애써 배척하면 나를 제대로 수용할 수 없습니다. 그리고 그럴 때 타인을 이상하게 해석하게 됩니다. 여러분이 그러한 배척 없이 자기 자신과 다른 사람을 본연의 마음으로 보는 법을 체득하는 데 도움이 되기를 바라며 이 책을 썼습니다. 이 책이 필요한 이들에게 가 닿기를 기원합니다.

---

* 이 책에는 네이버 프리미엄 콘텐츠 〈일상을 위한 철학〉 채널에 게재된 내용이 일부 포함되어 있습니다.

게일 브레너, 《삶이 괴롭냐고 심리학이 물었다》, 이주만 옮김, 포레스트북스, 2019.

김건종, 《마음의 여섯 얼굴》, 에이도스, 2022.

김학진, 《이타주의자의 은밀한 뇌구조: 인간의 선량함, 그 지속 가능성에 대한 뇌과
학자의 질문》, 갈매나무, 2022.

대니얼 카너먼, 《생각에 관한 생각》, 이창신 옮김, 김영사, 2020.

리처드 폴·린다 엘더, 《왜 비판적으로 사고해야 하는가》, 원만희 옮김, 궁리, 2008.

문요한, 《관계를 읽는 시간》, 더퀘스트, 2018.

박은미, 〈논리를 비트는 심리, 심리를 조절하는 논리〉, 한국철학상담치료학회 편,
《철학실천과 상담》 창간호, 2010.

박은미, 〈'비판적 사고의 활성화를 통한 철학 상담'의 방법론 제안: 교정적 인식의
방법〉, 한국철학사상연구회 편, 《시대와 철학》 제25권 3호, 2014.

박은미, 〈철학상담의 방법론으로서의 비판적 사고 교육: 그 적용 방법과 사례를 중
심으로〉, 한국철학사상연구회 편, 《시대와 철학》 제21권 3호, 2010.

박은미, 〈철학 실천으로서의 철학상담: 철학상담과 심리상담의 차이를 중심으로〉,
한국철학사상연구회 편, 《시대와 철학》 제24권 4호, 2013.

변지영, 《내 마음을 읽는 시간》, 더 퀘스트, 2017.

스튜어트 서덜랜드, 《비합리성의 심리학》, 이세진 옮김, 교양인, 2014.

양은우, 《당신의 뇌는 서두르는 법이 없다》, 웨일북, 2020.

에릭 R. 캔델, 《마음의 오류들》, 이한음 옮김, 알에이치코리아, 2020.

이남석, 《인지편향사전》, 옥당, 2021.

전미정, 《상처가 꽃이 되는 순서》, 예담, 2009.

정정엽, 《내 마음은 내가 결정합니다》, 다산초당, 2020.

정혜신, 《당신이 옳다》, 해냄, 2018.

조너선 하이트, 《바른 마음: 나의 옳음과 그들의 옳음은 왜 다른가》, 왕수민 옮김, 웅
      진지식하우스, 2014.

줄리언 바지니, 《가짜논리: 세상의 헛소리를 간파하는 77가지 방법》, 강수정 옮김,
      한겨레출판, 2011.

줄리언 바지니·안토니오 마카로, 《당신의 질문은 당신의 인생이 된다》, 신봉아 옮
      김, 위즈덤하우스. 2021.

줄스 에번스, 《삶을 사랑하는 기술》, 서영조 옮김, 더퀘스트, 2020.

채정호, 《퇴근 후 심리카페》, 생각속의집, 2017.

최훈, 《논리는 나의 힘》, 우리학교, 2015.

프라기야 아가왈, 《편견의 이유》, 이재경 옮김, 반니, 2021.

한성희, 《딸에게 보내는 심리학 편지》, 메이븐, 2020.

아주 일상적인 철학
마음을 힘들게 하는 생각 습관 벗어나기

1판 1쇄 발행 2023년 6월 30일
1판 2쇄 발행 2023년 9월 30일

지은이 박은미
펴낸이 김유열 | **편성센터장** 김광호 | **지식콘텐츠부장** 오정호
단행본출판팀 | **기획** 장효순, 최재진, 서정희 | **마케팅** 최은영 | **제작** 정봉식
북매니저 윤정아, 이민애, 정지현, 경영선

책임편집 김정희 | **디자인** 캠프 | **인쇄** 우진코니티

펴낸곳   한국교육방송공사(EBS)
출판신고   2001년 1월 8일 제2017-000193호
주소   경기도 고양시 일산동구 한류월드로 281
대표전화   1588-1580 | 이메일 ebsbooks@ebs.co.kr
홈페이지   www.ebs.co.kr

ISBN 978-89-547-7756-8 (03100)